# LES INVASIONS QUOTIDIENNES

## DU MÊME AUTEUR

chez le même éditeur

*Premier roman*, 1998
*Zeyn ou la reconquête*, 2000
*Ils m'ont dit qui j'étais*, 2003
*Bouche cousue*, 2005
*Le Cimetière des poupées*, 2007
*Mara*, 2010
*Pour mémoire*, 2011
*Bon petit soldat*, 2012
*La Part d'enfance* (avec Jean-Michel Djian), 2013

chez Plon

*Entretien avec René Descartes*, 2011

# MAZARINE PINGEOT

# LES INVASIONS QUOTIDIENNES

*roman*

Julliard

*Ouvrage publié sous la direction de Betty Mialet*

© Éditions Julliard, Paris, 2014
ISBN 978-2-260-02118-6

*Pour Olivier,
compagnon de traversée*

« Le fait est que comprendre les autres n'est pas la règle, dans la vie. L'histoire de la vie, c'est de se tromper sur leur compte, encore et encore, encore et toujours, avec acharnement et, après y avoir bien réfléchi, se tromper à nouveau. C'est même comme ça qu'on est vivant : on se trompe. Peut-être que le mieux serait de renoncer à avoir tort ou raison sur autrui, et continuer rien que pour la balade. »

Philip Roth, *Pastorale américaine*

« Toujours sur la ligne blanche
toujours sur la ligne blanche
toujours sur la ligne blanche
toujours sur la ligne blanche. »

Bashung,
« Toujours sur la ligne blanche »

# JOUR 1

*Charlotte G., une vocation arrêtée au seuil*

Six heures. Je me réveille, inquiète, comme tous les vendredis pairs depuis huit mois, quand les enfants vont passer le week-end chez leur père. Comme tous les mardis aussi, « son soir de la semaine ». Comme tous les matins au fond depuis notre séparation – José n'a jamais été aussi présent dans ma vie que depuis que nous ne vivons plus ensemble.

Je ne sais plus s'il faut me réjouir ou non du soleil qui filtre derrière les rideaux – il a dû m'arriver quelque chose de bien un jour, mais quand ? J'ai beau chercher, je ne trouve pas. Je ne me souviens plus de mes rêves, je sais juste qu'ils étaient désagréables, et que cette impression d'imminence qu'ils m'ont laissée risque de me coller à la peau toute la journée. Je ne m'attarde pas dans mon lit, rien de bon ne peut en sortir.

Profitant de l'heure de calme qui s'offre à moi avant le réveil des garçons je consulte ma boîte mail, avec cet espoir insensé, obstinément fiché en moi, que je vais y découvrir un jour le message, celui qui pourrait tout changer, les mots d'amour à l'orthographe parfaite d'un merveilleux inconnu (sinon je ne vois pas qui), ou à défaut le gain d'un million de dollars (qui ne soit pas un *spam*) ; je suis assez stupide pour préférer la première solution, même si la deuxième résoudrait aujourd'hui un certain nombre de problèmes que la première ne ferait qu'augmenter. Or ce matin comme tant d'autres, c'est un message de José qui m'attend. Bien sûr, c'était ça, l'imminence. « J'avais cru comprendre que c'est toi qui emmènerais les enfants à la gare pour les vacances de Pâques, comme ils en ont l'habitude. » Effectivement. José n'a jamais accompagné ses fils dans un train, dans un bus, ou dans un métro, c'est-à-dire un moyen de transport, ce qui additionné avec deux enfants se situe entre le neuvième et le huitième cercle des Enfers de Dante. Il a d'autres qualités, dont celle d'être très beau. Et bricoleur. Et redoutablement intelligent, donc pervers, la preuve : « Je ne comprends pas ta phrase, selon laquelle tu as accepté ce salon littéraire dans l'idée que les enfants étaient avec moi. En effet, c'était le seul week-end des vacances où tu pouvais les voir. Cela dit, je ne veux pas me mêler de tes priorités. » La colère monte. José a décidé de jouer au père responsable – ce qui devrait être un pléonasme mais qui dans sa bouche ressemble à un exploit. Étant devenu au fil du temps l'exégète de la langue très spécifique de mon ex-mari, « père responsable » signifie en réalité qu'il a décidé de me prendre en défaut. Je lui réponds aussitôt « Ne te mêle pas en effet de mes priorités. Il me semble m'être occupée des enfants nuit et jour pendant neuf ans parce que tu avais besoin de silence pour écrire

*Jour 1*

(quoi, je ne saurai jamais), ce qui semblait justifier tes allers-retours au Portugal, mais je vois que la réciproque ne fonctionne pas, ce qui à vrai dire est le principe de base de notre ex-vie de couple et visiblement de la vie à venir en tant que parents séparés. » Message envoyé. Si José ne répond pas dans les dix minutes qui suivent, c'est mauvais signe. Une douche et deux cigarettes plus tard, toujours pas de mail. Je pressens que cette discussion n'est pas finie – elle ne le sera jamais.

Mes fils dorment encore et j'aimerais vraiment qu'ils se réveillent pour que je ne sois pas seule à ruminer. Je cherche une corvée pour me sauver de mon anxiété, malheureusement j'ai tout rangé hier soir. Reste la préparation du petit déjeuner, à laquelle je m'attelle avec zèle : je mets l'eau à bouillir, presse les deux dernières oranges pour en boire le jus avant le réveil de mes fils – de toute façon ils préfèrent le jus en bouteille. En prenant la théière dans le placard au-dessus du lave-vaisselle, je fais tomber un bol qui n'avait rien à faire là. Je reconnais aux débris de terre cuite qu'il s'agit du cadeau d'Adrien pour la fête des Mères. Je balaie les morceaux sur la pointe des pieds, mais Adrien s'est réveillé : il a dû reconnaître le hurlement désespéré de son chef-d'œuvre en ruine... En tout cas, je suis prise sur le fait. Il se tient devant moi. Je lève les yeux, honteuse, cherchant un mensonge qui ne vient pas devant sa mine défaite. Alors j'opte pour la tristesse et l'aveu : « Je suis désolée mon chéri, je te demande pardon. Il était mal posé, il est tombé quand j'ai ouvert la porte. »

Une larme perle à ses yeux. « Je vais essayer de le recoller », proposé-je avec une évidente mauvaise foi, le bol étant revenu à son état d'origine : de la glaise friable, meuble, de la poussière de sable.

En silence, il vient blottir son visage encore gonflé de sommeil contre moi. « Papa ne l'aurait jamais cassé, lui. » J'ébouriffe ses cheveux, contrite et légèrement agacée en reconnaissant dans la voix de mon fils celle de son père, car c'est exactement ce qu'aurait dit José. Poussant Adrien vers le salon qui jouxte la cuisine pour évacuer le lieu du drame, je lui promets un cadeau, histoire de me faire pardonner d'avoir cassé le sien. Mais il ne se laisse pas attendrir. Du moins le pensé-je avant qu'il ne lâche, vindicatif : « un paquet de cartes Pokémon ». Je m'en veux d'avoir cédé à la facilité du chantage, avant même que mon fils en ait eu l'idée. Mais j'acquiesce, prise au piège.

Je l'installe devant la table basse et lui sers un chocolat chaud. Son frère nous rejoint, nous passons sous silence l'incident qui l'aurait sans aucun doute réjoui (il a oublié cette année la fête des Mères – mais il est plus petit, ce qui ne l'a pas empêché d'en être mortifié), j'allume la radio, et nous mastiquons tous les trois nos tartines beurrées dans la touffeur de la pièce chauffée comme une serre par les rayons qui frappent les carreaux. Le petit déjeuner achevé, je ramasse les bols, range le beurre, passe l'éponge, et mets un point final au rituel du matin en appuyant sur le bouton du lave-vaisselle. Celui-ci émet un toussotement étrange, et s'arrête, avant même d'avoir commencé à tourner. Je

*Jour 1*

réessaye, appuie sur toutes les touches l'une après l'autre, en vain.

Stupeur. Abattement. J'ai déjà fait réparer deux fois cette machine le mois dernier. Le réparateur avait prédit une fin rapide et sans souffrance. Et que fait-on lorsqu'on est assuré de la mort de quelqu'un ? On n'y croit pas, bien sûr, à tel point qu'on en oublie les adieux, refoulant la certitude de la catastrophe, et croisant les doigts derrière le dos pour qu'elle n'advienne pas – on ne renonce pas aux rituels magiques même s'ils ont fait la preuve de leur inefficacité. Et j'en suis là, aujourd'hui, devant la défaite du déni – et de l'électroménager. Il va falloir la remplacer, et je n'ai plus un sou. Ma prochaine paye de la fac est déjà engloutie par les factures en retard et les dépenses à venir, elle ne peut pas me lâcher maintenant, alors qu'aucun mail salvateur ne m'attendait à mon réveil, et que j'aurais dû souhaiter le gain d'un million de dollars au lieu de pauvres mots d'amour, même sans fautes d'orthographe. Ça m'aurait peut-être porté chance.

En désespoir de cause je lui donne un grand coup de pied, n'oubliant pas les préceptes de José : toujours garder le pouvoir, et en cas d'échec, se venger. À en croire la douleur qui me traverse, j'ai dû me briser l'os du petit orteil. L'engin en revanche n'a pas cillé d'un poil. Me voilà boitant au milieu des débris du bol d'Adrien, lançant une diatribe contre Bosch qui porte un nom vraiment malencontreux au regard de l'histoire du XXᵉ siècle.

Dans l'encadrement de la porte, Adrien et Gabriel m'observent, pleins de sollicitude – ils connaissent mon allergie à la vaisselle. « Maman comment tu vas faire ? » « Sortez, et allez vous préparer ! » ordonné-je d'un ton trop dur, humiliée par cette scène de désastre. Mes deux fils, un peu surpris, préfèrent toutefois m'obéir et filent. En effet, comment je vais faire ? Le plus raisonnable serait d'exiger de José qu'il me verse enfin les six derniers mois de pension qu'il se refuse à me donner. Mais c'est risquer d'entendre une fois encore que je l'ai « foutu dehors, jeté à la rue, laissé sur le carreau », et que je devrais avoir honte de lui demander quoi que ce soit. En ai-je la force ? Je me laisse glisser au sol, le dos contre le frigidaire (encore fidèle, lui), les cheveux (trop secs) sur la figure. Avant de me ressaisir : Non. Je ne serai pas cette femme vaincue au moindre obstacle, assistée dès que les machines résistent à leur vocation – à savoir celle de fonctionner –, je ne serai pas démissionnaire face aux aléas techniques, à la révolte des objets, à l'obstination des chaudières à tomber en panne dès qu'un hiver historique s'annonce, aux toilettes qui se bouchent le jour J de l'ouverture des soldes engloutissant vos dernières économies. Je n'aurai pas cette faiblesse de croire que le monde m'en veut, surtout quand il est saturé d'objets inanimés qui par définition n'ont ni volonté ni idée derrière la tête. La sociologie ne plaide pourtant pas en ma faveur : femme seule et par définition incapable de brancher un quelconque appareil, surtout quand la notice éloigne tout espoir d'autonomie et rend indispensable l'intervention d'un technicien spécialisé, non pas en branchements divers et variés, mais en lecture de mode d'emploi.

*Jour 1*                                                    17

Mais mes enfants attendent autre chose de moi. Je dois leur prouver qu'une mère est aussi une guerrière, et tant pis pour mon compte en banque. Je finis de balayer les débris en deux temps trois mouvements, puis rejoins les enfants dans leur chambre. « Ne vous inquiétez pas les garçons, il y a une solution à nos problèmes. Internet ! En un clic je peux commander, livraison à domicile et économie de 30 % ! »

Mais Gabriel est prêt et me presse : « Maman tu t'habilles ! » « Deux secondes mon chéri. » Il s'assoit avec son manteau sur le canapé, et je le rejoins, mon ordinateur sur les genoux. « Regarde, on choisit la machine à laver que tu préfères et on y va. » Il ne semble pas très réceptif à ma proposition, mais son frère me vient en aide. Je me suis déjà demandé si Adrien ne finirait pas architecte d'intérieur : tout ce qui concerne l'appartement l'intéresse. Et il va de soi qu'en grandissant, les habillages de cuisine Spiderman le séduiront moins, du moins dois-je l'espérer. Nous surfons sur C-Discount. C'est sans doute le site le moins attrayant depuis que les start-up ont vu le jour, mais mon enthousiasme donne le change. Je m'arrête sur un lave-vaisselle encastrable, pour leur faire plaisir : « On pourra coller le revêtement qu'on voudra ! En ardoise par exemple, pour écrire la liste des courses et des mots codés pour se souhaiter une bonne journée, traduire des substantifs en anglais, ou faire des dessins, écrire nos doléances... » « C'est quoi des doléances ? » « Tu sais pendant la Révolution française, il y avait des cahiers de doléances où l'on inscrivait tout ce qui ne nous plaisait pas. On pourrait faire la même chose ! » Cette idée a l'air de leur plaire. Je viens d'inventer le lave-vaisselle thérapeutique.

Pas peu fière de ma découverte, je clique. Paiement en trois fois sans frais, livraison dans le courant de la semaine prochaine, on m'appellera pour me fixer une date m'assure-t-on. Et voilà comment une journée qui avait semblé mal débuter démarre sur les chapeaux de roue. Nous sortons tous les trois, rêvant à notre futur lave-vaisselle – ou plus certainement eux rêvant à *leurs doléances*, moi à la rapidité à laquelle j'ai mené l'opération (qui m'aide à oublier son aspect financier).

Sur le chemin de l'école, mon téléphone sonne. Numéro masqué à huit heures trente-cinq du matin (nous sommes en retard), je ne décroche pas. Ce n'est qu'après avoir déposé les garçons anxieux de se retrouver dans le bureau du directeur – je leur ai composé un mot d'excuse suffisamment dramatique pour qu'il les prenne en pitié –, que j'écoute le message. Un certain Émile « Benthaux » ? (je n'ai pas bien entendu le nom) veut me voir. Je mets quelques instants à comprendre qu'il ne s'agit pas du P-DG de C-Discount en personne, mais du nouveau directeur de collection qui remplace Marguerite. Mon nouvel éditeur, en somme. Ou pas. Marguerite m'avait annoncé son arrivée prochaine dans la maison, ce qui avait provoqué en moi une inquiétude légitime – mon avenir littéraire repose désormais entre les mains d'un inconnu, et étant donné la baisse des ventes de mes derniers ouvrages, cet inconnu pourrait bien décider de mettre un terme à notre collaboration.

*Jour 1*

J'avais opté pour une douce amnésie : tant qu'*il* n'appelle pas, *il* n'existe pas.

Sauf qu'aujourd'hui *il* appelle, à une heure qui laisse à supposer qu'il y a urgence. Or je n'ai pas avancé depuis des mois sur l'idée des lapins galeux, texte que j'aurais dû remettre à Marguerite pour qu'elle me signe un dernier contrat avant la retraite, mais son départ a fragilisé mon inspiration. Trop de changements dans ma vie en peu de temps : après la séparation avec le père de mes enfants, mon éditrice, qui faisait aussi office de mère et de psychanalyste, m'abandonne, se rendant compte sur le tard qu'elle n'aime pas les enfants, et qu'avoir consacré sa vie à la littérature jeunesse était peut-être un malentendu. J'ai tenté de la raisonner : nul besoin d'aimer les petits pour leur écrire des livres. Il n'est pas dit que les auteurs de littérature « sérieuse » aiment l'humanité, alors que sans elle, qui lirait leurs ouvrages ? Mes arguments n'ont pas eu l'air de la convaincre, et elle a entamé à soixante-cinq ans bien sonnés sa crise d'adolescence. Me voilà contrainte de rencontrer un homme qui appelle ses auteurs à huit heures trente-cinq du matin (il doit venir de la téléphonie mobile) et dont le pouvoir sur mon existence délabrée est considérable.

J'attendrai ce soir pour répondre, le bol de fête des Mères de mon fils s'étant brisé en mille morceaux et le lave-vaisselle m'ayant lâchée ce matin, je ne pense pas qu'il soit judicieux de provoquer le sort en rappelant tout de suite, le principe de la chaîne des catastrophes s'étant toujours avéré juste dans mon cas.

En attendant, je n'ai pas le choix et quitte à contre-cœur l'îlot sécuritaire de mon appartement qui jouxte la prison de la Santé et l'hôpital Sainte-Anne – ce qui me place tout de même du bon côté du mur mais suscite une légère mauvaise conscience et le sentiment d'une arbitraire contingence, sans compter qu'on n'est jamais à l'abri d'une évasion. Je me suis préparée, depuis le jour de mon installation, à l'éventualité d'avoir à héberger contrainte et forcée un serial-killer, lisant régulièrement dans cette perspective des ouvrages de psychologie et de psychiatrie pour adopter la meilleure attitude si une telle situation se présentait. N'ayant pas encore fini mon tour des psychopathologies qui ont conduit ces hommes derrière les barreaux, je croise les doigts pour qu'ils attendent la fin de mes études autodidactes en criminologie pour me menacer un couteau sous la gorge, car alors, je pourrais enfin jouer un rôle central dont on parlerait dans les amphithéâtres et les commissariats : Joséphine Fayolle, la charmeuse de serial-killers. Un air de flûte et ils déposent les armes, pour devenir férus de littérature jeunesse. Mais je suis en retard, mes fantasmes attendront.

Le collège où je dois intervenir ce matin est en banlieue. La professeur de français a fait travailler sa classe pendant six mois sur *Les Manchots manchots* et *L'Écureuil aveugle et le Nain autiste*, mes deux derniers livres, promettant une rencontre à la clé avec l'auteur pour « incarner » la littérature. Les jeunes n'imaginent pas qu'il y a des gens réels derrière les livres, m'a-t-elle dit pour me convaincre, ça rendra plus vivante la

*Jour 1*

lecture, c'est une chance incroyable pour eux. Ce n'est pas que je faisais la difficile (d'autant que c'est peut-être la dernière occasion, ma carrière littéraire tenant à la décision arbitraire et injuste d'un nouveau directeur de collection) : rencontrer les élèves est toujours amusant, qu'ils aient travaillé sur mes textes m'honore, et ça me change de la routine de mes cours de philosophie à la fac, que j'ai eu la bonne idée de ne pas arrêter pour me jeter corps et âme dans cette activité dont je mesure aujourd'hui la précarité : la littérature jeunesse, et ses à-valoirs misérables.

Mais Rosny-sous-Bois, c'est loin. Quarante-cinq minutes de métro, puis de RER, puis une demi-heure enfermée dans une voiture avec une inconnue qui est venue me chercher, et avec qui je suis contrainte de parler, lui vantant la formidable vie d'écrivain, et la joie que j'ai d'être là, accueillie par ces élèves si bien préparés, alors que je n'aurai qu'une idée en tête : mon lave-vaisselle. La femme combattante est en train de baisser les armes. Et Émile Benthaux attend sûrement un texte. Que je n'ai pas écrit.

Cependant les collégiens sont revigorants. J'imagine mes fils quelques années plus tard, ils pourraient être certains d'entre eux – excepté la couleur, car il faut bien avouer que la mixité n'est pas parvenue jusqu'en cette lointaine banlieue. Des petits Noirs et des petits Maghrébins, mais aucun risque d'entrer dans une polémique identitaire : mes personnages sont exclusivement des animaux, de tous genres, occidentaux, africains, américains et asiatiques, peu soucieux de leur origine géographique et de leurs convictions religieuses, et handicapés pour la plupart (des manchots, un hémiplégique, un borgne, un sourd-muet, et j'en passe), ce qui fait dire à l'enseignante que je promeus le droit à la différence et la normalisation du handicap. Je n'avais pas vu mon œuvre sous cet angle, d'ailleurs je ne vois mon travail sous aucun angle, et certainement pas sous celui de la philosophie qui est et reste mon gagne-pain et que je n'entends pas contaminer mes orgies animalières, mais enfin si vraiment j'encourage les valeurs humanistes, j'en suis ravie.

Pour autant, ce n'est pas ce qui semble intéresser les collégiens, et le laïus universaliste de leur professeur les égare. Je reprends la main en les assurant qu'écrire, c'est oser dire ce qui fâche, et ne pas se soucier de morale, enrobant néanmoins mes propos pour ne pas heurter cette pasionaria qui met tant d'énergie à éduquer civiquement des générations de jeunes gens plus portés sur les jeux vidéo que sur la littérature. Je leur propose un petit exercice : raconter l'histoire d'un rat, qui s'introduit justement dans un jeu vidéo et par maladresse fait mourir tout le monde, gentils comme méchants, en trouvant néanmoins un happy end – concession faite à l'enseignante, légèrement inquiète devant la tournure que prennent les événements. Ils s'y mettent joyeusement, par groupes de cinq. J'explique tout bas à cette femme d'un certain âge qu'il s'agit seulement d'un exercice cathartique : s'ils se désinhibent dans l'écriture, peut-être seront-ils plus inhibés dans la vraie vie, « ce

*Jour 1* 23

que nous attendons tous de la jeunesse, n'est-ce pas ? ».
La proposition pédagogique semble l'intéresser, et de
toute façon, je suis écrivain, j'ai donc tous les droits. Je
détiens la clé de la création, ce qu'on n'enseigne pas au
collège, je vis avec des mots et des morts, je parle avec
René Descartes, Henri Bergson, Fiodor Dostoïevski,
Victor Hugo et les autres, que je tutoie par habitude
(mais ça je ne lui avoue pas). Je détiens forcément un
savoir ésotérique dont elle côtoie le mystère en frôlant
ma manche (tachée par le café de ce matin), tandis
qu'elle se lève pour écrire au tableau. Elle aime les écrivains, c'est émouvant. Si elle savait.

Les élèves me rendent leur copie, je leur promets de
leur faire parvenir un compte rendu circonstancié, dans
une semaine. L'enseignante déborde d'une reconnaissance excessive qui me renvoie l'illusion de mon
importance momentanée – je me laisse aller à y croire,
et projette d'écumer tous les collèges de France pour
aller puiser dans les regards des élèves et les remercie-
ments de leurs professeurs la force qui me manque
devant mon ordinateur. « C'était génial ! » entends-je
comme je gagne le couloir. J'en rougis de plaisir.

Dans la cour de l'établissement, je sors une cigarette
et m'apprête à l'allumer. Le professeur pose la main sur
mon bras – j'oubliais, nous sommes dans un lieu public.
Un groupe de filles me suit jusqu'à l'extérieur du
bâtiment et me demandent une clope, à l'abri du regard
de leur prof. Forte de ma nouvelle aura, je n'hésite pas
à leur donner le paquet entier en mettant un doigt devant
ma bouche. Je ne recule devant rien pour me faire des

amies, même quand ces amies sont des filles de treize ans (elles en font seize) toxicomanes, qui prennent la pilule depuis déjà quatre ans et qui auraient grand besoin de rencontrer un adulte responsable, c'est-à-dire quelqu'un qui profiterait de l'admiration qu'elles lui vouent pour leur signifier les limites. C'est-à-dire pas moi.

Je reprends le RER en sens inverse, après avoir emprunté le bus pour éviter un nouveau tête-à-tête inutile.

De retour à la maison, impossible d'esquiver l'appel du devoir. Le perroquet Kant est là, perché sur mon épaule (oui, Emmanuel K. apparaît toujours sous la forme d'un perroquet) qui m'ordonne de prendre mon téléphone et d'appeler Émile Benthaux sans plus attendre. J'essaie de convaincre mon directeur de conscience qu'il vaut mieux remettre à plus tard : ce soir je suis vannée, ma voix me trahirait, il faut être en forme pour mentir. L'argument est irrecevable pour Emmanuel K. qui considère le mensonge comme la transgression ultime de la loi morale. Mais quoi alors ? Appeler Émile Ben-thaux, et lui dire que j'ai un besoin urgent d'argent et de garanties sur mon avenir ? Et que par ailleurs, je n'ai rien à lui soumettre pour le moment ?

Je continue de pérorer : mon vendredi soir est sacré, je n'ai pas les enfants, c'est le moment que je réserve aux copies. Pour appeler Émile Benthaux, il me faudrait d'abord relire les quelques pages pondues il y a six mois et les retravailler un peu, histoire de me les réapproprier et d'être capable d'en parler – ça serait une meilleure entrée en matière, non ? Si je me débarrasse ce soir de

*Jour 1* 25

mes corrections (j'ai promis aux étudiants de leur rendre leur dissertation mercredi), j'aurais tout le week-end pour me concentrer sur ce sujet autrement plus important. Kant la met en sourdine, devant cette rhétorique inattaquable, sur fond d'*El Camino* des Black Keys – je ne lui demande pas son avis sur mes goûts musicaux. Il reste néanmoins perché sur mon épaule droite, là où il a ses habitudes, attendant sans doute la prochaine occasion de me tourmenter.

J'en ai à peine lu cinq que j'entends des pas dans l'escalier et la voix haut perchée d'Adrien et de Gabriel. Mon cœur bat, comme à chaque fois que je retrouve mes enfants, que ce soit à la sortie de l'école, au retour de chez leur père ou le matin quand ils s'éveillent. Mais l'appréhension s'en mêle aussitôt : que viennent-ils faire à cette heure ? Leur père n'était-il pas censé les récupérer ? Un dommage collatéral de mon mail ? Un accident ? Je me lève précipitamment pour ouvrir la porte, prête à découvrir Gabriel scalpé ou Adrien amputé d'une main. Mais c'est José que je vois souffler et s'arrêter sur l'avant-dernière marche. « Qu'est-ce qui se passe ? » Ma voix doit libérer une panique, dont José jouit une demi-seconde. Mais avant qu'il ait pu prononcer la phrase qu'il était sans doute en train de ciseler le temps des trois étages, j'entends « Maman ! » Les garçons entrent et se jettent dans mes bras. Je dois rester un peu trop longtemps à les serrer et embrasser leurs cheveux si j'en juge le mouvement d'impatience qui se fait entendre derrière eux. « Bonjour », me dit José de façon appuyée, soulignant bien mon impolitesse, « Tu ne peux pas dire bonjour au père de tes enfants, Charlotte ? »

C'est comme ça qu'il m'appelle, désormais. Retournant contre moi une confidence que je lui avais faite du temps de l'entente cordiale, quand les amants se racontent leurs petites et grandes humiliations qui les ont construits, et qu'ils n'imaginent pas encore la bombe à retardement qu'ils fabriquent dans cet instant de complicité merveilleuse. Charlotte, c'est Charlotte Gainsbourg, qui a pris une place un peu spéciale dans mon existence depuis un dimanche soir de mes dix ans, où je l'ai vue pour la première fois à la télévision dans *L'Effrontée*. Mes parents, mon frère et moi étions confortablement assis dans le canapé, je suçais encore mon pouce (une addiction de longue durée), la tête contre l'épaule de mon frère, le cœur emballé, les yeux humides, j'ai alors entendu ma mère dire : « Cette petite écervelée, avec sa moue insupportable », puis se réfugiant dans la cuisine, pour elle-même sans doute, puisqu'elle marmonnait – mais d'un marmonnement qui n'a échappé à personne – « Cette petite pute ». On ne disait pas de gros mots à la maison, sauf dans la cuisine, à condition d'y être seul – peu importe qu'une simple porte en placo, ouverte qui plus est, la séparât du salon mitoyen. C'était peu de temps après la remarque de mon père, au tout début du film : « C'est drôle comme elle te ressemble. » Remarque qui semblait être passée inaperçue, mais qui s'était gravée en moi comme le signe de ma vocation : être Charlotte Gainsbourg (j'en suis

*Jour 1*

revenue), et qui visiblement n'avait pas échappé à ma mère.

Par la grâce des paroles de mon père, j'étais devenue quelqu'un. L'instant d'après j'avais compris que devenir quelqu'un était précisément ce qui pourrait déranger ma mère. Est-ce la raison inconsciente pour laquelle j'ai diffusé sur Google et mon profil Facebook la seule photo de moi où l'on retrouve vaguement cette ressemblance – j'avoue l'avoir un peu surinvestie, comme une espèce de revanche : on m'y voit de profil, les cheveux relevés, un débardeur rose, un jean noir et des bottines à talon. Un copié-collé de l'affiche de *Prête-moi ta main*.

J'avais raconté cette charmante saynète familiale à José quand il n'était pas encore le père de mes enfants, ne pouvant imaginer qu'une fois l'amour enfui, il me la rappellerait à chaque occasion par ses « Bonjour Charlotte », ou ses « Charlotte forever », avec une ironie qui lui fait oublier qu'il l'aimait bien, cet air de Charlotte Gainsbourg, du temps où nous vivions ensemble.

Les garçons s'y sont faits, au point de croire que Charlotte est effectivement l'un de mes prénoms. « Les enfants, allez chercher vos rollers dans votre chambre », ordonne leur père, puis me regardant : « Je les emmène patiner demain. » Je lève les yeux au ciel, les rollers, bien sûr, puisqu'ils sont chez moi et leur permettent de passer à l'improviste. L'imagination qu'il déploie à me contrarier lui fait prendre des risques. « Tu vas faire du roller, *toi* ? », mais José enchaîne aussitôt « Pourquoi tu t'énerves comme ça ? » Comme ma question n'entraînait pas logiquement sa question (une question qui répond à une question n'est de toute façon jamais une réponse), j'en déduis qu'il répond, sans préambule, au mail que je lui ai envoyé le matin. J'enchaîne du tac au tac : « Je ne m'énerve pas, mais tu changes au dernier moment ce qui était convenu. » « Rien n'a été convenu... Tu me l'as dit au téléphone en passant, et tu sais que je communique uniquement par mail » – règle jamais énoncée et qui fonctionne à sens unique. « Très bien, je vais annuler mon salon. » Je tente la culpabilisation, pourtant consciente que cette arme est de peu de poids auprès de José. « Pourquoi tu ne m'en as pas parlé avant, je me serais organisé ? » Phrase parfaitement inutile, qui remet en cause le problème au lieu de le régler. « Je t'en ai parlé avant, mais tu n'entends que ce que tu veux, et de toute façon maintenant il faut trouver une solution. » « Pourquoi tu es si agressive ? Je te parle calmement, et tout de suite, tu m'envoies des mails d'insultes. » Je n'ai pas l'impression d'avoir été agressive, ou du moins cela m'a-t-il échappé, et le terme d'insulte me paraît disproportionné, mais je suis accoutumée au lexique de l'hyperbole. « Tu trouves ça correct de me faire tout changer alors qu'on était d'accord ? » demandé-je du ton le plus courtois. « On n'était pas d'accord, tu m'imposes tes jours selon ton bon plaisir, jusqu'à présent je me suis tenu très exactement à ton calendrier. » Ce qui est objectivement faux, lui-même pourrait en convenir s'il avait une once de bonne foi, mais je préfère éviter le rappel de chaque manquement, la liste est longue, et serait inefficace face

*Jour 1* 29

au déni. « Je vais voir avec mes parents s'ils peuvent assurer la transition et te tiens au courant », lui dis-je pour couper court à la discussion. « Tes parents, toujours tes parents ! Tu t'en sors bien, à déléguer tes enfants aux autres. Je me demande quand tu arrives à les voir », ce qui venant d'un homme qui a pris conscience de sa paternité au moment même où il fut contraint de s'occuper seul de ses enfants est légèrement déplacé. Mais il continue : « Moi, quand je les ai, je suis seul en tête à tête avec eux, je discute, ils ont vraiment besoin de discuter avec ce qu'ils traversent, je leur consacre du temps. » Intérieurement je plains mes fils condamnés au huis clos, mais félicite José de cette attention tardive. Cependant j'ajoute : « La question n'est pas de savoir si je suis une mauvaise mère, mais quelle solution trouver pour que je puisse aussi faire mon travail. » « Ton travail ? Aller à un salon pour boire des coups ? Tu appelles ça du travail ? »

Il faut préciser que José, malgré son unique ambition de devenir écrivain, n'a jamais rien publié. Cependant il traîne dans le milieu littéraire parisien (un concept relativement restreint, sauf pour les quelques élus qui en font partie), ce qui lui donne l'impression d'en être. Et comme ses amis ont une plus grande renommée que la mienne, il le vit comme un avantage sur moi. J'ai souvent été tentée de lui expliquer que le talent n'était pas contagieux, mais me suis abstenue, le protégeant malgré tout. Une erreur parmi d'autres, si j'en juge le mépris avec lequel il continue de considérer ma carrière.

« Peu importe comment on appelle ça, j'ai confirmé, donc j'y vais. » « Je croyais que tu pouvais annuler, ce n'est pas ce que tu viens de me dire ? » « Dans l'absolu, je peux, mais dans les faits, je ne vois pas pourquoi. » « Libre à toi de prendre tes décisions, mais tu te débrouilles pour qu'ils soient pris en charge dès le samedi soir. » « Je crois que c'est une bonne conclusion, qu'on aurait pu tirer dès le début de la discussion. » « Bon, ben, je vais y aller. » Je brûle d'attaquer le sujet de la pension mais les enfants sont revenus dans le salon avec leurs rollers, écoutant d'une oreille faussement distraite la sempiternelle discussion de leurs parents – ce n'est pas le moment. Adrien se lève « Papa, tu veux pas venir voir mon classeur Pokémon ? » José s'excuse auprès de moi « Je le lui avais promis ». Je l'invite à se rendre dans la chambre de son fils, et commence à faire la vaisselle pour m'occuper les mains, Gabriel accroché à mes jambes. J'entends José s'extasier devant Pikachu et Grotichon, de façon à ce que je ne perde pas une miette de son enthousiasme. Puis je n'entends plus rien, ils doivent se dire des secrets, ou plutôt, José doit dire un secret à son fils, le contraire n'ayant jamais eu lieu. Je vois alors accourir Adrien, puis José lui crier de ne rien me demander, que c'était une blague, Adrien coupé dans son élan lui répond : « Mais j'ai quand même le droit de parler à maman. » « Bien sûr, mais c'était une blague. Tu ne lui dis rien » (sans apparemment remarquer la contradiction). C'est à mon tour de demander à Adrien : « Qu'est-ce qu'il y a ? Qu'est-ce que tu veux me demander ? » et celui-ci de répondre :

*Jour 1* 31

« Non, rien », cherchant quelque chose dans le frigidaire pour se donner une contenance. José arrive après lui. « Que veut-il me demander ? Il peut tout me demander, je lui répondrai franchement, pourquoi tu l'empêches de parler ? » José enchaîne : « Mais je ne l'empêche pas, je lui ai fait une blague, c'est tout, vas-y Adrien si tu veux. » Adrien se trouve partagé entre l'envie de dire et la honte, honte de son enthousiasme vaincu à son seuil. Je dois insister, la fureur grandissant en moi dangereusement... « Est-ce que papa peut dormir ici ? » Je regarde José, atterrée. « C'était une blague je te dis. » « Très drôle, hilarant même. » Je brûle de lui demander si détruire méthodiquement ses enfants ne le dérange pas plus que ça, mais ces enfants sont *justement* présents, ce qui contraint un peu la discussion. Quant à sa nouvelle compagne, si j'avais eu des doutes, j'ai désormais la confirmation de son rôle de potiche ou de doudou.

Lorsqu'ils repartent, j'essaie tant bien que mal de me remettre à mes copies – mais José a gagné, mon cerveau est bloqué, rabougri, recroquevillé sur sa personne dont j'aimerais qu'elle subisse la même transformation. Je suis obligée de déclarer forfait. D'autant que cette séance de sport ex-conjugal m'a donné faim. Mais la perspective de me préparer à manger modère mes crampes d'estomac. Je sais bien que je n'ai pas fait les courses depuis un moment. Je fouille, par acquit de conscience : dans le frigidaire, ne restent que des tomates, que j'achète par habitude alors que je n'aime pas ça (oui mais c'est un ingrédient nécessaire, selon la loi du « on ne sait jamais, si l'envie de préparer des lasagnes ou de la bolognaise, ou du gaspacho ou du sorbet de tomate ou un bloody-mary me prenait », loi dont trop d'exceptions ne confirment pas la règle, mais j'aime me tenir prête à tout), et des Caprices des dieux ; dans le congélateur un hamburger réservé aux enfants.

J'hésite, me retourne pour vérifier que personne ne me regarde, et l'enfourne dans le micro-ondes. Je m'installe dans mon lit pour dévorer la junk-food (mon délice secret), en observant la tache au plafond qui semble s'être agrandie depuis quelques semaines. De nuage elle est devenue oiseau, une sorte de perroquet dont j'identifie nettement le bec : c'est Kant, encore lui, je le reconnais. « Bon, d'accord ce n'est pas très sain ni très généreux de voler la nourriture destinée à ma progéniture – j'en achèterai demain, promis –, mais je ne vois pas pourquoi je ne pourrais pas en manger moi aussi. Sans compter que je prends sur moi le risque du scandale alimentaire qui plane sur tout hamburger qui se respecte. Peut-être suis-je en train de sauver mes fils, qui à l'heure actuelle ne doivent pas manger beaucoup mieux. »

Mais qui sait ce qu'ils font chez leur père ? J'ai beau chercher, je n'ai pas le moindre souvenir de lui s'occupant des enfants. J'en suis donc réduite à imaginer. Et j'ai l'imagination féroce. Je visualise José des rollers aux pieds, lui qui déjà se foule la cheville en baskets parce qu'il est si *fragile*, des os d'une « finesse remarquable », m'avait-il confié peu après notre rencontre et j'avais trouvé ça touchant, un homme fier de ses os.

# JOUR 2

## *Commode lavande en polaire violette*

Je relis le bout de texte commencé la mort dans l'âme il y a six mois, pas fameux. Pêle-mêle, un chat amputé embrasse un chien enragé, des lapins lancent la mode de l'eczéma et le chimpanzé invite le colibri à entrer dans la danse. Je me suis arrêtée en pleine montée dramatique, au moment d'articuler la découverte par le lapin généreux de la gale que ses petits ont attrapée dans le champ de maïs transgénique, et la nouvelle formule de Frontline des laboratoires Servière plébiscitée par le loup centenaire.

Je détourne les yeux, découragée, et tombe sur la commode de José. Là, dans l'entrée, elle se pavane avec sa teinte lavande écœurante – mon ex-mari a voulu me faire croire qu'il avait lui aussi trouvé une formule brevetable alors qu'il a juste pris le pot de peinture verte pour le pot de peinture blanche, et si le hasard joue un rôle certain dans les découvertes scientifiques il n'a pas toujours d'heureuses conséquences sur les efforts d'un homme pour incarner son rôle de mâle et de père de famille. Comme si le bricolage du dimanche pouvait être un sceau irréfutable.

José me l'a déposée en même temps que d'autres affaires, cette commode qui reste désormais, pour moi, plutôt que le symbole de l'époux parfait celui de la fiction dans laquelle il vit depuis quelques années maintenant, se mettant au centre d'un système de persécution dont je suis l'une des figures principales – ce qui lui laisse la porte ouverte pour persécuter à son tour en toute bonne conscience – ayant délégué ses pouvoirs à ce bahut déséquilibré à l'insoutenable couleur. Je pose une serviette sale et violette dessus, pour qu'il échappe à ma vue, mais il semble s'être emmitouflé dans une polaire Décathlon pour affronter les grands froids, ce qui l'incarne encore un peu plus. J'ôte la serviette et la jette par terre, positionne ma chaise dos à la commode et me remets au travail.

Marguerite en partant m'avait bien dit d'avancer le manuscrit si je voulais garder mes habitudes dans la collection de « La cour des petits », son successeur ayant une réputation d'exigence pathologique. Que ne l'ai-je écoutée. Ce n'est pas le moment de perdre ma rente, ni, de ce fait, mon inspiration. Je suis trop réceptive à l'angoisse que ce changement de gouvernail pourrait générer. Or je ne dois pas oublier (j'écris dans ce but des post-it que j'accroche à mon réfrigérateur, comme des mantras psychédéliques pour ménagère) que : « Je suis une nantie de la littérature jeunesse, voire un *nom*. »

*Jour 2*                                                                      35

Ce qui ne laisse d'ailleurs pas de me poser un problème, vu que ce nom est la cible d'une secte dont on
soupçonne rarement la dangerosité, celle des mamans
qui ont la manie de googleliser les auteurs et de
répandre des rumeurs à la hauteur de leur hystérie et
de leur goût du complot – leurs enfants étant par définition des victimes potentielles. Or rien n'échappe aux
mamans. Ni les lignes à contenu virtuellement trauma-
tique des livres que je fournis, ni les images sublimi-
nales de mon illustrateur où elles décèlent régulièrement
des sexes en érection alors que pour toute personne bien
intentionnée il s'agit de la gueule d'un loup qui n'a de
coquin que son insatiable désir de manger le lapin – or
il n'y arrive jamais, et c'est peut-être là la source de
leur frustration. « Joséphine Fayolle nous intoxique »,
« À quand le mariage homosexuel entre ses animaux
dévoyés ? », « Petite pute » (et là je me suis demandé
si ce n'était pas ma propre mère qui libérait enfin ses
pulsions sous le pseudonyme de bouba43), « Pourquoi
publier les malades mentales ? L'art brut, réservez-le
aux dégénérés », « Ramenez-la à l'asile psychiatrique »,
« Protégez nos enfants », « Boycottons *la cour des
petits*, c'est devenu la cour des miracles », et par-ci par-
là des compliments que j'oublie avec persévérance, préférant me rappeler la cruauté du monde qui m'entoure.
      L'image d'une émeute de mères en colère, mani-
festant sous mes fenêtres, tenant ma tête ensanglantée
qu'elles ont déguisée en commode couleur lavande
entourée d'une polaire décathlon sur un bâton de ski de
la même enseigne, s'est mise entre moi et mon écran.

Je lève la tête pour vérifier qu'elle n'a pas pris mes traits, mais la commode me rit au nez. Quand je l'ai en face de moi, elle me nargue. Quand elle est dans mon dos, elle me fait peur. Je déserte mon poste de travail et vais m'installer sur le canapé, désœuvrée. Je me vois assise, esquissant des gestes qui ne se terminent pas, puis me levant pour prendre un café, une cigarette, me rasseoir, prendre mon téléphone et faire défiler les noms jusqu'à ce que l'un d'eux s'impose : Irina, qui ne s'offusquera pas des cinq minutes que je lui prendrai pour ne rien dire. Je tombe sur son répondeur, puis sur celui de Julie, je prends ma voix enjouée de celle qui va formidablement bien et voulait juste prendre des nouvelles. Puis je replonge dans le mutisme (quelle autre alternative quand on vit seule face à une prison), et pars en quête d'une nécessité qui me justifierait : passer l'aspirateur, ranger mes livres par ordre alphabétique. J'attends que les objets me donnent des ordres, qu'un courrier dépasse de la pile, me suppliant d'y répondre, qu'un mail clignote en rouge, m'enjoignant de me remettre vite au travail.

Dieu existe, car le téléphone sonne. Toute distraction est pour l'heure bienvenue. Sauf que c'est mon banquier. Qui se sent obligé de rajouter « une fois de plus ». « Vous êtes "une fois de plus" à découvert. » C'est un langage de banquier ça ? Ou d'un hybride entre une mère abusive et un coresponsable de la crise des subprimes qui n'a pas l'intention de battre sa coulpe – la culpabilité c'est pour ses clients, enfin ceux qui

*Jour 2*                                                                    37

« une fois de plus » sont dans le rouge ? « 14 h lundi
dans mon bureau ? » Sans un regard pour mon agenda,
car je sais que je n'ai RIEN d'autre à faire lundi (lundi,
c'est ma journée bloquée *pour* ne rien faire), je réponds
– trop vite : « Oui bien sûr » (en évitant de justesse
« pardon »), me rappelant soudain, et l'apprenant à mon
banquier par la même occasion, que la semaine prochaine, c'est l'anniversaire de mon père – ses soixante-
dix ans ! « Vous comprenez, nous avons décidé, mon
frère et moi, de lui offrir un voyage en Égypte. Non pas
que l'Égypte soit la destination de ses rêves, mon père
préfère la rude montagne d'Auvergne qu'il sillonne en
tenue de randonneur, des bâtons de ski aux mains et
en toutes saisons, ce que pour ma part je n'ai jamais
compris. Mais au regard des événements, le prix des
billets a baissé de moitié, et ce qui excite vraiment mon
père, c'est de prendre l'avion, précisément parce qu'il
doit payer, contrairement aux trains – il a passé trente-
cinq ans à la SNCF. Nous avons pensé qu'il lui fallait
un pays que ne reliait aucun réseau ferroviaire prenant
sa source dans une des cinq grandes gares de la
capitale – il a travaillé dans chacune d'entre elles, nous
condamnant à suivre les lignes que dessinent ces points
névralgiques, rendez-vous des alcooliques, suicidaires,
chiens galeux, gens pressés et nous (source peut-être de
mon inspiration, mais je laisse ça à mes futurs bio-
graphes, n'est-ce pas ?). » Le banquier ne répond pas,
sans doute est-il trop occupé à sourire. « Mettre une
mer entre le point de départ et celui d'arrivée en est
la meilleure garantie. Mon frère gagne correctement sa

vie, il est psychologue pour enfants dans le XIIe arrondissement, mais entretient une ribambelle de maîtresses, ce qui le contraint à me demander la moitié de la somme du voyage, alors qu'il sait que tous mes droits d'auteur sont passés dans l'achat de mon nouvel appartement, symboliquement sis rue de la Santé, Paris 13e, et que mon salaire de prof de fac intermittent ne suffit pas à payer un nouveau lave-vaisselle, les vacances de mon père, plus les vacances de mes enfants. Non que la charge de mes enfants augmente, au contraire – puisque de trois je suis tombée à deux, une fois le père parti –, mais il me faudrait au minimum refaire mes seins, que mes enfants justement ont participé à abîmer, pour leur faire espérer un autre usage, celui d'appât par exemple, ou tout au moins leur ôter tout pouvoir de nuisance à l'endroit de mon amour-propre – que voulez-vous je me sens vieille et laide, et pourtant je n'ai que trente-huit ans. Oh je sais bien que jamais au grand jamais je ne pousserai la porte d'une clinique de chirurgie esthétique, mais la porte de mes fantasmes, je ne peux la fermer à l'orée de ma nouvelle vie, et pour la laisser béante, j'ai besoin d'un horizon. Celui d'un droit de découvert plus conséquent fera l'affaire... »

Mais mon banquier a raccroché. Depuis combien de temps ?

Ce coup de fil a néanmoins l'effet d'un coup de fouet : je décide de me plonger dans Bergson et d'avancer la préparation de mon prochain cours – bref, d'être un peu productive. Même si, au fond, je sais bien que mon banquier, à qui je dédie ce regain de vigueur,

*Jour 2*

trouve vraiment désolant de sacrifier son temps de cerveau disponible dans la lecture d'un *essai* (pas une démonstration, ni des conclusions scientifiques, non : une simple *tentative*) sur les données immédiates de la conscience. Oui, je sais bien qu'il me méprise pour faire un métier non quantifiable. Qu'écrire des bluettes enfantines et transmettre un peu de philosophie à des étudiants idéalistes, ça ne vaut pas le salaire qu'il voit s'afficher chaque mois. Qu'il pense que je vis dans un monde d'abstraction et de rêve – ce qui n'est pas faux. « À quoi ça sert madame, la philosophie, quand on n'a pas d'argent pour se payer un vrai toit ? » me demande-t-il alors qu'entre les rayons de ma bibliothèque vient de surgir sa tête d'endive (mon banquier a ce genre de tête qu'on n'imprime pas, un visage flou, un visage dont les traits bougent, sans angle, un visage modifiable). « À être heureux », tenté-je. Mais ma réponse ne me satisfait pas, il suffit de me regarder. Et je comprends sa colère : non, ce n'est pas rentable.

Parfois je me dis que je n'ai pas choisi la bonne voie : j'aimerais fabriquer des chaises, ou des couverts comme Guy Degrenne, quelque chose de solide et d'utile qui mettrait peut-être fin à cette quête de sens que je ne pourrai jamais vendre à mon banquier – le sens, ça vaut combien ? J'en ai préparé, des cours de philosophie, des brouillons de contes, j'en ai produit des tentatives que j'ai jetées ; j'en ai écrit des nouvelles avec des chimpanzés obsédés, des arbres qui pleurent, des accidents de trottinettes et des comas heureux : tout ce temps à la poubelle, sans compter les paquets de cigarettes pour maintenir la concentration, les heures à se torturer dans son lit, puis devant son ordinateur, à chercher la bonne citation, à casser une tasse parce que Word a buggé et qu'il faut tout recommencer, à lire, relire, couper, déplacer les paragraphes trop longs, des semaines, des mois piétinés, parce qu'au final, ça ne marche pas, c'est mal construit, c'est trop difficile, trop facile, ça ne passera pas la censure du blog des mamans, et même mes enfants, qui sont mes premiers lecteurs, et les plus enthousiastes (surtout pour l'histoire du nain autiste), sont parfois obligés de me rappeler à l'ordre : poubelle. Combien de temps empilé dans la poubelle ? Du temps perdu, ou du temps de liberté ? Comment évalue-t-on le temps libre ? en fonction de sa productivité ou de sa perte ? Ce n'est vraiment pas la question à se poser quand on commence à lire Bergson (à moins qu'il n'ait la réponse ?).

Mais je m'aperçois qu'il est plus que l'heure, l'heure de me rendre chez le coiffeur, ou pour être précise, chez le « coiffeur-visagiste », ce qui a une consonance légèrement inquiétante, mais étant donné la situation, un visagiste ne peut plus me faire de mal. Furieuse de ce retard, j'enfile à la hâte un imperméable trop grand et m'engouffre dans le métro, direction Havre-Caumartin. Je m'assois, sans un regard pour les autres passagers qui de toute façon n'en ont pas un pour moi. Pour rentabiliser la course, je sors Bergson de mon sac, afin de préparer mon cours du mercredi. Tandis que je tâche de me concentrer, entre deux paragraphes sur « le mouvement et la durée », le visage de mon banquier surgit

*Jour 2*                                                                    41

à nouveau, sévère, inquisiteur, puis triste, seulement
triste, d'une infinie tristesse.

J'essaye de m'excuser pour cette folle dépense que
je m'apprête à faire. C'est que depuis quelque temps,
j'ai recommencé à prendre soin de moi. Certes, ça se
limite aux apparences – on ne sait jamais, si Martin, le
meilleur ami de mon frère, et mon amant depuis ma
séparation, m'appelait au débotté pour m'annoncer son
divorce et sa folle envie de me sauter dessus. Je m'épile
avant d'aller chez le médecin, j'achète de la nouvelle
lingerie, que je garde au fond du tiroir pour ne pas
l'abîmer – offrant un sursis à mes vieilles culottes –, je
mets des talons pour m'habituer et tourne en rond dans
mon salon, le torse penché en avant, m'efforçant de le
redresser, et remets mes baskets pour aller au travail,
soulageant les débuts de crampe. J'ai toujours en tête la
facilité avec laquelle la plupart des femmes semblent
s'acquitter de ces tâches, comme si j'étais restée au
stade adolescent, où le corps n'habite jamais totalement
ses gestes. Et ce, malgré des années d'entraînement
devant la glace de la salle de bains, où j'imitais les
actrices, chanteuses, voire les filles du collège à qui je
n'osais pas adresser la parole, et tentais de me composer
un visage à moi, une allure dont personne ne pourrait
soupçonner les heures d'efforts pour qu'elle paraisse
naturelle, tandis que ma mère tambourinait à la porte,
fermée à clé depuis trop longtemps (ce qui est forcément suspect), « Mais qu'est-ce que tu fais encore
Joséphine ? La salle de bains n'est pas un espace pri-
va-tif... », articulant chaque voyelle par déformation

professionnelle – elle est orthophoniste (et communiste pour ce qui est de l'intimité familiale) – « ... et n'essaie pas de te peinturlurer le visage avec *mon* maquillage, ça coûte cher je te signale, et si tu crois que ça va changer quelque chose... », ce à quoi je ne répondais rien, et finissais vaincue, voire honteuse, par ouvrir la porte de la salle de bains.

Le métro s'est arrêté entre deux stations. Perdue dans ma rêverie, je m'aperçois que je me suis recroquevillée sur mon siège, les mains crispées sur mon sac, les sourcils froncés, les pieds en dedans, le dos recourbé – on dirait ma mère, son corps devenu rabougri avec l'âge. Cette image me révulse, à tel point que j'oriente à nouveau mes pensées sur mon banquier, tout en me redressant, croisant les jambes, et respirant un grand coup pour insuffler un peu d'élégance à cette chose avachie. Lui aussi a été enfant après tout, l'imaginer dans la salle d'eau commune sur le palier de l'étage pour s'adonner à ses premières masturbations, et mangeant des frites faites maison en se léchant les doigts me le rend aussitôt plus excusable.

Une image se forme, celle d'un enfançon tout blond s'élevant de nuées laiteuses, exactement comme les fées apparaissent soudain du cœur d'un nuage, à croire qu'elles y habitent, ce qui n'est franchement pas très confortable, et me faisait dire, enfant, précocement préoccupée par le problème du mal-logement, qu'il vaut mieux avoir une chambre même petite, plutôt qu'un nuage tout humide, même si on est une fée – et d'abord, comment se loge-t-elle quand il fait beau ? – bref, que

*Jour 2*  43

les fées ne sont pas forcément enviables, malgré leur serre-tête d'or et leurs superpouvoirs. Ce qui fut peut-être le cas de ce bébé joufflu devenu une endive : qui sait s'il n'a pas été abusé par son père ou une vieille tante acariâtre, sorcière à ses heures, ou plus banalement par une belle-mère jalouse et cruelle – ce qui est un pléonasme dans le monde merveilleux des dessins animés ?

Il ne m'en faut pas plus pour éprouver de l'affection pour lui.

Par réflexe je plonge ma main dans mon sac et prends un coton-tige, je le tournicote dans l'oreille, ça remplace la cigarette, et ma deuxième zone érogène sur l'échelle de mon corps s'en trouve contentée (quelle partie de son corps Bergson préférait-il titiller ? Les coton-tiges existaient-ils à son époque ?). J'ai toujours un coton-tige dans ma poche, au cas où, c'est mon processus d'incarnation : si je reste invisible, au moins puis-je me toucher – le coton-tige est un indice certain de mon existence. Et j'ai appris à dissimuler l'objet sous mes cheveux, lorsque le besoin se fait sentir en public – raison pour laquelle la coupe à venir ne doit pas être radicale.

« Mais alors, s'insinue mon banquier à tête d'endive, cette dépense est-elle bien raisonnable, vu qu'elle ne servira à rien ? – la coupe sera à peine visible. À quoi bon ? » Ne vous en déplaise, lui rétorqué-je, ça ne l'empêche pas d'être nécessaire : elle relève d'une nécessité d'ordre social – je commence à faire peur à mes étudiants. C'est un geste de réparation plus que d'entretien ou de simple coquetterie, comme la chirurgie esthétique peut l'être dans une infime niche de sa pratique, remboursée par la Sécurité sociale. « Ma chère madame, l'utilité aujourd'hui ne s'évalue plus en termes de bien commun (j'ai eu 12 au bac philo), mais de richesse produite, d'argent gagné, de rentabilité. Qu'allez-vous gagner de plus, avec cette nouvelle coupe ? Si encore on se retournait sur votre passage, mais ne venez-vous pas d'avouer que vous étiez invisible... ? »

Le Che Guevara logé en moi se révolte enfin. Il me susurre que mon banquier a *vraiment* fantasmé qu'un jour il brasserait l'argent des autres sur son ordinateur Dell France, et expliquerait à ses potes ce que signifient Euronext Paris, Nasdaq et Nikkei 225. Mon empathie en prend un coup. Il a beau avoir été enfant, il a beau avoir dix ans de moins que moi (le salaud), ce criminel administratif, il ne reste rien de son innocence. Si tant est qu'il n'en ait jamais eu – car je me dis maintenant qu'il n'a finalement certainement pas grandi dans les limbes d'un film d'animation tchèque, ni dans une salle de bains *commune*, mais que son papa lui chantait plutôt pour le bercer le cours du CAC 40.

« À quoi ça sert ? À quoi ça sert ? Tu veux que je t'explique ? » me surprends-je à demander tout haut. La femme assise en face de moi lève les yeux, intriguée. Je me sens obligée de poursuivre pour ne pas passer pour une folle : « C'est toujours la question qu'on pose s'agissant de la philosophie. Si vous répondez, vous êtes cuit, c'est que vous avez déjà intégré le critère de l'utilité comme valable. Je ne parle pas pour vous, hein,

*Jour 2*                                                    45

je suis certaine que vous avez d'autres projets dans la
vie que de vous sacrifier aux diktats de l'économie. »
La femme sourit, mais semble inquiète. « Ben il faut
bien travailler non ? » « Bien sûr, mais vous voyez bien
que l'utilité ne s'évalue plus vraiment aujourd'hui en
termes de bien commun, mais plutôt de richesse produite, d'argent gagné, de rentabilité – mon banquier sait
de quoi je parle. Il me dirait peut-être, que le bien
commun, ça se calcule, mais qu'il n'entre pas avec moi
dans cette discussion, parce que oui, ça se calcule, mais
comment ? Vas-y l'endive, oppose-moi dans un plan en
trois parties l'égalité arithmétique et l'égalité distri-
butive, et explique-moi si c'est ton dernier choix, selon
quel critère tu redistribues le gâteau. » Toute la rame
s'est mise à m'écouter. Hier à la même heure, c'était
l'évangéliste qui hurle sur la ligne 2 « Jésus sauve-
nous ». Ils ont gagné au change, et ont droit à un cours
de philosophie gratuite doublé d'une diatribe contre le
grand capital. Forte de cette écoute, qui s'est transformée en acquiescement global au moment où j'ai
commencé à insulter mon banquier, je continue sur ma
lancée et me lève pour que ceux du fond n'en perdent
pas une miette : « Le mérite peut-être ? Il n'est souvent
que reproduction des inégalités sociales, de la nature et
de ses failles. Cela revient à reconduire le droit du plus
fort ou celui du moins fort. Et si t'es handicapé, pauvre
et débile, mais serial-killer, est-ce que tu dois bénéficier
ou non d'une redevance de la société ? – hochements
de tête – Alors, le hasard ? Le premier arrivé à Pôle
Emploi a droit à un travail même si le deuxième était

plus qualifié ? Comme pour l'inscription au conservatoire du XIIIᵉ, si tu dors devant la porte, sous la bruine glacée et sur un pipi de chien tu as le droit d'inscrire ton enfant : on en revient donc au plus méritant, et qui de préférence ne travaille pas le lendemain à huit heures, vu que c'est l'heure même où le bureau des inscriptions ouvre... Bref, tu vois, le bien public ça ne se calcule pas, ça se pense. » Je finis ma diatribe en hurlant. La rame entière m'applaudit. Certains rires fusent, mais je ne les prends pas contre moi : je pense avoir éveillé les consciences, ce qui dans un métro parisien est le comble du miracle. Malheureusement je dois sortir pour changer de métro, désolée de perdre un auditoire acquis, prêt à lancer un cocktail Molotov sur le premier banquier venu si je l'y incitais. La vindicte populaire est prompte à s'éveiller. J'ai entrouvert la voie de la révolution, mais, citoyenne responsable, j'abandonne la foule en délire à son quotidien morne. Comme les portes du métro se referment, j'entends « Mal-baisée, va ! ». Cette réplique n'entrant pas dans ma fiction présente, je la chasse in petto, navrée de tant de vulgarité.

À la sortie du métro s'élèvent, imposantes et fatales, les Galeries Lafayette. Sans réfléchir j'entre dans le grand magasin, direction le deuxième étage où de rage contre mon banquier, encore emportée par la colère de mon réquisitoire, j'essaie des chaussures, certes en solde, mais qui coûtent quand même cent cinquante euros. Et vlan pour le découvert. Tandis qu'assise sur un tabouret, j'ôte mes chaussures, je découvre en même

*Jour 2*

temps que la vendeuse le trou dans mes chaussettes. Cette dernière m'offre son plus gentil sourire, mélange de compassion et de supériorité (elle jette ses chaussettes trouées malgré son salaire de misère et son bac + 5, c'est sûr). J'enfile mes nouvelles chaussures et décide de les garder aux pieds pour lui clouer le bec, en réalité pour ne pas avoir à les enlever sous son regard devenu méprisant : c'est que le trou a créé un lien pervers entre nous, et je ne résiste jamais aux liens pervers avec des vendeuses, me sentant coupable de ne pas acheter si j'essaie. Je ne suis pas sûre de la pointure, ni de la couleur, ni de la forme d'ailleurs, mais quitte le stand au plus vite, délestée d'une somme conséquente d'argent, mais qui devrait correspondre au dixième de ce que me doit José – de l'argent perdu donc.

Retrouvant après un quart d'heure à tourner en rond l'escalier de service, je descends prudemment – les talons compensés sont tout de même hauts de dix centimètres, et ma cheville en fait les frais. Une fois dans la rue, je m'oblige à rentrer chez moi à pied pour que ces derniers souffrent autant que je voudrais faire souffrir le banquier. En nage, et une heure plus tard, la cheville miraculeusement sauve, je m'affale sur mon canapé, ôte les chaussures pour découvrir deux grosses cloques, et dans un nouvel élan de contrition, reprends le livre de Bergson afin que Kant qui me regarde soit bien au courant que je me mets au travail (même s'il trouve plutôt provocant le choix d'un auteur qui ne le porte pas dans son cœur).

Mais le canapé fait face à la commode de José (« Tu t'achètes encore des chaussures alors qu'il n'y a rien à manger dans le frigidaire pour tes gosses ? Tu connais la veuve du commandant Marcos ? Ça lui a pas réussi je t'assure »). Pour échapper à sa vue, je cherche mon reflet dans le miroir accroché juste au-dessus. Mes cheveux ! Je m'aperçois, prise de panique, qu'entièrement à ma conversation intérieure avec mon banquier, j'en ai oublié le coiffeur.

Toute la culpabilité dont je suis capable me retombe dessus comme une pierre échappée des poulies que tiraient les esclaves égyptiens pour ériger la pyramide. Assommée, j'hésite entre appeler le coiffeur ou faire l'autruche, dire la vérité ou inventer un mensonge, supplier à genoux qu'il me pardonne, ou prendre un ton agressif, l'accusant de ne pas m'avoir envoyé un texto de confirmation la veille comme le fait mon hypnotiseuse, qui préfère prévenir mon étourderie qu'elle appelle « acte manqué ». En même temps, je ne vois pas pourquoi mon inconscient s'érigerait contre une coupe et un brushing. Mais il semble que je dialogue mal avec lui, sans quoi pourquoi avoir passé plus d'heures en dix ans avec mon psy qu'avec mon ex-mari ?

Je prends mon courage à deux mains et compose le numéro : « Antoine, bonjour, c'est Joséphine Fayolle, je ne sais pas comment m'excuser... J'étais si pressée d'arriver, j'ai voulu courir, et me suis fait une entorse... Une manif a bloqué le taxi dans lequel j'ai sauté, et un accident grave voyageur a interrompu le trafic de la

*Jour 2* 49

ligne 9, enfin voilà, je n'ai pas réussi à venir, malgré
l'urgence de la situation – j'en suis à couper mes
fourches avec les dents... » Là il m'interrompt, je sais
comment l'attendrir. « Joséphine Fayolle ? (Il a
vraiment l'air de ne pas me reconnaître, pourtant j'y
suis allée en septembre dernier pour la rentrée scolaire,
je pensais qu'on devait être physionomiste pour exercer
ce métier.) Oui, vous aviez rendez-vous à quinze
heures... Eh bien nous pouvons reprendre rendez-vous
si vous le souhaitez. » Son ouverture d'esprit me donne
envie de pleurer. « Oui, jeudi, à la même heure ? »
« Même jour, même heure », chantonne-t-il sur l'air que
je n'ose pas reconnaître... mais si, c'est bien ça : Patrick
Bruel, *Place des grands hommes*. D'un coup me revient
en mémoire ma première histoire d'amour vécue à
l'ombre de cette chanson qui monopolisait les ondes,
à laquelle nous tâchions en vain d'échapper. Pas un
café, pas une boutique où on ne l'entendait. Nous
vivions donc claustrés dans un studio de dix mètres
carrés, fenêtres fermées, murs tapissés de journaux pour
empêcher la rengaine de parvenir jusqu'à nous. C'est
que nous n'avions pas envie de nous donner rendez-
vous dans trente ans, mais tout de suite, dans un
immédiat incessamment renouvelé – et plutôt sur une
musique de Police que de Patrick Bruel. Nous étions
des ayatollahs du bon goût, des fanatiques de l'anti-
pollution sonore, des alter avant l'heure, des ascètes,
excepté pour ce qui est de l'exploration des corps. Nous
mettions du Bach à trois cents décibels puis Bill Evans
en fumant des cigarettes, nous pleurions ensemble

devant tant de grandeur, et détournions la tête devant les files de nymphettes, dont la sœur de mon amant, qui hurlait « Patriiiick ! » à l'entrée du Zénith. Nous, nous préférions la Cité de la musique (qui n'était pas encore construite, mais c'est un symbole). Antoine le coiffeur me renvoie à la nostalgie du temps où mes cheveux étaient noirs et souples. Je raccroche, émue, confuse de constater que, vingt ans plus tard, cette chanson finit par me faire vibrer.

Je me remets à lire mon livre, laborieusement, prenant quelques notes, tandis que des larmes coulent sur mes joues – Dieu soit loué personne n'est là pour assister à ma déconfiture. D'ailleurs, plus personne ne sera jamais là, à mes côtés, ni pour y assister, ni pour la consoler, je ne le sais que trop bien. Rencontrer un homme, j'en suis incapable – et voilà que je pleure de plus belle. « Mais moi, je suis là », bafouille une voix familière. Je lève les yeux et tombe sur le regard triste de ma chienne, encadrée au-dessus de mon bureau : « Oh, c'est vrai, je ne suis pas seule, Balou, excuse-moi ! Tu es là toi, fidèle et aimante. D'un autre côté, tu n'as pas le choix, tu es morte depuis vingt-deux ans. »

Tandis que je contemple la gueule rassurante de Balou, une idée fait son chemin : pourquoi ne pas rendre visite à Martin ? Il loge momentanément en face, chambre 104 à l'hôpital Sainte-Anne – légère surdose d'anxiolytiques. Rendre visite à un dépressif est à double tranchant : ça a le mérite de faire relativiser, mais ça peut aussi entraîner la régression à l'infini – la dépression par contagion. En même temps, il faut bien

*Jour 2*

que je me manifeste si je veux qu'il se souvienne de moi à sa sortie, non ?

Je prends le temps de me changer. C'est qu'il me faut miser sur ma tenue pour faire oublier mes cheveux. Je descends les escaliers et parcours les trois cents mètres qui me séparent de l'hôpital en petite robe Vanessa Bruno. La réceptionniste semble s'y connaître en robes, la pointe d'envie dans ses yeux ne m'a pas échappé. Je serais aussi désolée qu'elle de devoir porter une blouse vert d'eau qui donne au visage à peu près la même teinte que l'éclairage des WC du TGV.

Martin est allongé dans son lit, le regard vague. S'il est heureux de me voir, rien dans son visage ne l'atteste. Je n'en relève pas moins mes cheveux fourchus d'un geste élégant pour les soustraire à sa vue, et m'assieds à son chevet. La conversation semble mal engagée. C'est qu'à l'ordinaire, on se déshabille avant, et la cigarette vite fumée juste après laisse peu de place à l'échange intellectuel. Devant son corps amorphe, je suis contrainte de me demander ce qui a bien pu nous lier sinon un seul fil ténu et néanmoins tendu, qui à peine rompu laisse entrevoir l'ampleur du vide. Je remets à plus tard l'interrogatoire sur l'éventualité de son divorce et me prends à souhaiter la présence de mon frère pour reformer le trio adolescent que les antidépresseurs n'avaient pas encore frappé. Devant son mutisme, je tente de trouver tout haut la suite des Lapins galeux, lui exposant l'urgence de la situation : un rendez-vous chez le banquier pour négocier un découvert, un nouveau directeur de collection qui a le pouvoir de me signifier la fin d'une collaboration longue et fructueuse – et de ce fait l'impossibilité d'obtenir un découvert, l'anniversaire de mon père dans quelques jours, la commode qui m'incommode, les ampoules aux pieds, mais mon désir intact, pour le jour où il retrouvera sa « phase maniaque » – celle que je préfère. Je ne reçois pour toute réponse que des « hum-hum » désinvestis. À bout d'arguments, je mets fin au monologue, embrasse Martin du bout des lèvres – il sent trop l'hôpital – me dis que voilà peut-être l'un des derniers remparts de mon corps qui s'effondre, la possibilité de jouir vite et bien, ne lui reste que l'effort et l'abstinence.

J'aurais dû le savoir : le voir dans cet état n'a en rien relativisé le mien, c'est la régression à l'infini qui l'emporte. Mais tandis que je vais pour fermer la porte, il m'appelle : « Joséphine ? » Je me retourne. « Je sors après-demain, je peux passer chez toi ? Après-demain ça ira, ça ira mieux. Tu me manques. Mais tu as une coiffure vraiment bizarre. » Interdite devant cette quasi-déclaration de la part d'un homme qui prend à peine le temps de dire bonjour, j'acquiesce d'un signe de tête, contrariée néanmoins que mes efforts pour dissimuler mes fourches aient été vains, sachant pourtant de source sûre que ce n'est pas la partie qu'il préfère de mon corps.

Après demain. Ce seul mot ouvre une perspective.

Une fois dans la rue, je traîne pour rentrer chez moi, savourant ce futur proche : pas facile de traîner sur trois cents mètres. Mais au deux-cent-soixante-quinzième, j'entends un sifflement. Personne derrière, ni devant.

*Jour 2* 53

Le sifflement reprend, comme s'il m'était adressé. Je finis par lever les yeux : au troisième étage gauche, prison de la Santé, des mains s'agitent, un visage patibulaire me suit des yeux. J'ai encore fait mouche chez les voisins d'en face, et contre toute attente, ça me remplit d'une gratitude proche de l'euphorie. Je fais un signe de main discret, que j'arrête au milieu, incertaine quant à l'interprétation qu'ils pourraient faire. Je n'ai pas besoin d'une relation platonique en ce moment, c'est même précisément ce que je dois fuir, même si la distance entre nous, plus verticale qu'horizontale, est un détail qui m'incline à l'engagement. José en sait quelque chose qui a vu s'ériger peu à peu la muraille de Chine entre nous, aussi ne puis-je totalement lui en vouloir d'avoir renoncé à la franchir, et même d'avoir planté son camp de l'autre côté. Ce n'est qu'aujourd'hui qu'il s'échine à en démonter les pierres une par une, convaincu que l'effort me fera tendre la main, mais je n'ai plus besoin de mur, il ne me fait plus peur : je ne l'aime plus.

Arrivée à la maison, je me souviens que je n'ai toujours pas rappelé Émile Benthaux. J'ai dû ranger dans un tiroir arrière du subconscient, celui dont on perd régulièrement les clefs, cette tâche de première urgence – j'ai du mal à m'obliger, quand je suis dans cet état. Mais cette fois, je ne peux plus reculer.

Que lui dire ? Y aller franchement ? Bonjour, c'est l'auteur qui voue une tendre reconnaissance à ceux qui ont le pouvoir financier ? Ou bien, prendre ma voix de petite fille (qu'aucun de mes deux parents n'a d'ailleurs

jamais entendue – je la réserve à mes supérieurs hié-
rarchiques) : « Oui, pardon, c'est, enfin c'est Joséphine,
je crois que vous m'avez laissé un message, mais c'était
peut-être une erreur. »

Tandis que j'hésite entre les deux options, jouant
intérieurement les saynètes pour voir laquelle sonne le
mieux à mon oreille interne, le téléphone sonne. Son
écho dans la pièce vide me pétrifie. Serait-ce lui, qui
me coupe l'herbe sous le pied alors que je n'ai pas
encore choisi mon rôle ? Mais il n'appellerait pas chez
moi, José, pour m'annoncer que Gabriel s'est cassé la
jambe en essayant les talons aiguilles de sa belle-mère
– car oui il a une belle-mère (depuis deux semaines) et
oui il lui arrive de me voler mes chaussures pour se
déguiser (dois-je en conclure que mon obsession des
chaussures est devenue une pathologie familiale ?). Ou
bien mon père, pour me rappeler que son dîner d'anniversaire a lieu dimanche prochain, ce que je ne
peux ignorer vu que ma mère le prépare depuis deux
semaines – la table est assurément déjà dressée, si je ne
m'abuse, couverts d'argent du service de mon arrière-
grand-mère – sortis de la cave chaque décennie pour
les anniversaires importants, et nettoyés à grands frais
– carafe de cristal pour accueillir le vin d'un cubiténaire
caché quelque part dans la cuisine ? Ou encore ma
mère, pour me rappeler non plus la date du dîner mais
l'heure, « dix-neuf heures trente précises, car à vingt-
trois heures, tout le monde est couché » ? Je finis par
décrocher, sans quoi le mystère pourrait rester entier.
La liste était incomplète : j'oubliais mon frère, bien sûr,

*Jour 2*                                                                55

qui, ennuyé, m'annonce une consultation qui risque de
durer tard ce jour-là, et arrivera après l'entrée, ce qu'il
n'ose pas dire à ma mère, me chargeant donc de lui
sauver la mise, comme à l'accoutumée. Je connais ses
consultations, elles cachent souvent une partie de
jambes en l'air, mais franchement, il aurait pu éviter, le
jour des soixante-dix ans de son père. Ce sont toujours
ceux qu'on aime le plus qui savent se faire désirer,
quant à moi, annuellement ponctuelle, personne ne se
soucie de savoir si j'ai pour cela annulé une « consultation ». « Les enfants vont bien ? » demande-t-il en
guise de conclusion. J'ai à peine le temps de lui dire
qu'il n'est pas sûr que je puisse tout de suite débloquer
l'argent pour le cadeau. « Mais quoi, tu viens pas de
t'acheter un manteau Bash ? » « Il était en solde. » « Ce
qui correspond à peu près au prix du voyage », calcule-
t-il avec une vitesse qui m'a toujours fascinée, mon
frère étant le seul matheux de la famille, ce qui explique
peut-être l'amour exclusif que lui voue ma mère. « Bon,
tu peux m'avancer, j'ai un rendez-vous avec mon banquier... Mais je ne suis pas sûre de l'issue. Je peux te
donner le manteau en gage. » « Ça tombe bien, j'ai un
anniversaire le lendemain, et je n'avais pas d'idée de
cadeau. » « Je me disais bien, aussi. »

Mon frère raccroche avant que je n'explicite mes
sous-entendus. Ce n'est pas quelqu'un de très réceptif à
la culpabilité, sans doute ai-je pris toute la part qu'une
famille peut produire, me sacrifiant en bonne fille, une
sorte d'Iphigénie de la dette, ce que mon banquier va
pouvoir lui-même constater.

Allez. Il ne me reste donc plus qu'à passer ce coup de fil à M. Benthaux, qui recèle la double potentialité d'un nouveau contrat, ou de mon arrêt de mort. Je dois réécouter le message pour noter le numéro de téléphone qu'il a laissé en guise de conclusion, ainsi que son nom. J'essaie, avant tout passage à l'acte, d'analyser sa voix. Elle est plutôt bourrue, légèrement rauque, le ton n'est pas particulièrement sympathique, ce qui fait pencher la balance du côté de l'arrêt de mort. Il ne dit rien sinon « Rappelez-moi ». Il ne s'adresse pas à Joséphine Fayolle, auteur à succès (en perte de vitesse), mais à l'un des membres parmi tant d'autres d'une équipe d'écrivains jeunesse – oui, je fais partie d'une équipe. Nous ne nous côtoyons pas, mais nos noms se retrouvent côte à côte dans les brochures destinées à la presse. Une idée de la famille ou du groupe qui me plaît assez : nul besoin de rencontrer les autres, le vague sentiment d'appartenance se fait autour d'un amour commun des livres et de la « jeunesse » (celle qu'on a perdue plus que celle à venir), des angoisses solitaires, des pannes d'inspiration, des échecs et des succès – ce qui nécessairement crée des tensions et des jalousies, mais dont seul l'éditeur est le réceptacle. Pour le reste, nous ne connaissons des autres que leurs ouvrages et les chiffres de vente : plus les autres vendent, plus on se sent rejeté – bref, on ne sort pas des chiffres. Ce fut ma déconvenue en entrant dans ce monde de l'enfance et du rêve : même lui se calcule.

En tant que remplaçant de Marguerite, Émile Ben-thaux (il n'a pas épelé son nom, l'orthographe en est

*Jour 2* 57

sans doute aléatoire, je me suis permis jusqu'à preuve du contraire d'introduire un $h$ et un $x$) doit faire le tour de tous les auteurs, pour se présenter et procéder au tri, désireux comme tout nouveau chef d'imposer sa marque de fabrique. Il est presque vingt et une heures, et je me demande sérieusement si c'est encore une heure ouvrable, un samedi qui plus est, pour rappeler celui qui tient ma vie matérielle entre ses mains. En même temps, c'est une bonne entrée en matière « Je suis désolée de ne pas avoir eu le temps de vous rappeler avant, j'ai un peu un emploi du temps de ministre en ce moment ». Trop prétentieux, et peu crédible. J'ai quand même une chance de tomber sur son répondeur, ce qui en l'état m'arrangerait, même s'il est difficile de parler seule à une boîte qui enregistre inexorablement les mots que vous voudriez effacer les uns après les autres, et qui tournent dans votre tête dans l'insomnie dont ils sont la cause première. Peut-être avant toute chose devrais-je le googeliser ? J'ai pris l'habitude de le faire dès qu'un nom tombe dans la conversation avec mes amies fort peu innocentes qui se sont mises en quête pour moi d'un homme gagnant au minimum cinq mille euros par mois, divorcé, avec des enfants (car il est entendu qu'un homme de quarante ans qui ne s'est jamais casé a soit un problème d'immaturité affective, soit désire ardemment un enfant, soit enfin ne s'intéresse pas tant aux femmes que ça, et encore moins aux enfants). Google et sa banque d'images permettent de gagner du temps ou plutôt de ne pas en perdre – en un ou deux zooms, un prétendu prétendant est éliminé sans préliminaires, sans compter que je lui fais gagner au moins le prix d'un verre ou d'un bouquet de fleurs.

Mais qui sait, on n'est pas à l'abri d'un miracle, Émile B. pourrait tout aussi bien ressembler à George Clooney. J'allume mon ordinateur et tape sur Google « Émile Benthaux ». Rien. Google propose d'essayer avec cette orthographe : « Émile Bertaux », sans prendre en compte qu'il s'agit d'un autre nom – à deux consonnes près, c'est toute une lignée qui s'éloigne. Écoutant ma curiosité naturelle, je regarde qui est ce fameux Émile Benthaux. Or si Émile Benthaux n'existe pas (ne pas être répertorié par Google est une marque sinon d'inexistence du moins d'insignifiance, ce qui revient au même dans une société où la visibilité est la seule preuve de l'être, et je pourrais longuement déve-lopper en partant de saint Thomas pour remonter à une ontologie phénoménologique, en même temps que je lèche un pot de glace déjà vide, mangeant donc mon doigt et quelques traces de chocolat fondu), je trouve trois Émile Bertaux, dont aucun cependant ne semble correspondre à mes critères : un astronome français mort en 1903, un historien de l'art mort en 1917, un homme politique belge mort en 1911. J'ai l'impression que ma recherche touche à sa fin, et qu'il ne me reste plus qu'à l'appeler.

Je vérifie mes mails, pour m'offrir un dernier répit. Onze mails de soldes, de croisières de rêve, de « Vous avez gagné quinze mille euros » dont je sais la mali-gnité, et de « Votre profil m'intéresse » (qu'il n'est peut-être pas judicieux de jeter aussitôt à la poubelle,

*Jour 2*
59

tout dépend de l'issue de mon entretien), et trois plus intéressants : Jérôme (je n'ai pas de chance avec les prénoms qui commencent par *J*), un copain de ma copine Anne, avec lequel j'ai dîné une semaine auparavant (au milieu de dix autres personnes), qui me propose d'assister au spectacle qu'il a mis en scène ; le service SFR ; et Julie qui était au dîner avec Anne et Jérôme, et qui prétend que ce dernier m'a trouvée très bien (c'est-à-dire ?) – je ne savais pas qu'ils partageaient une telle intimité et débriefaient les bénéfices et inconvénients des nouvelles postulantes. Ce qui me glace *a posteriori* : si on cherche aussi désespérément à caser Jérôme, c'est qu'il y a un vice de forme. D'un coup me prend l'envie, impérieuse, excitante, d'envoyer un texto à Martin et de lui proposer de venir me rejoindre – sachant qu'à cette heure – et s'il n'était pas en face –, il serait en train de rentrer chez lui, passerait une main dans les cheveux de sa femme et leur servirait un bon verre de bourgogne (le feu brûlerait dans la cheminée, du Mozart jouerait sur la platine, ils riraient en se faisant des grimaces, s'embrasseraient à pleine bouche, se feraient des chatouilles, basculeraient sur le tapis en poil de lapin, il déchirerait sa petite culotte, elle rirait de plus belle, et mouillerait, et chanterait d'exultation et de plaisir, et là je crois que mon imagination s'emballe), quand je me souviens qu'il dort dans sa petite chambre sinistre d'hôpital à quelques pas seulement de moi, largué dans tous les sens du terme. Je réponds à Jérôme « Désolée ! Mardi je ne peux pas, j'ai rendez-vous avec mon nouveau directeur de collection

– le sosie de George Clooney ! – il adore mon remake *Les animaux malades de l'hépatite C*, et il n'est pas marié » (Jérôme non plus d'ailleurs, mais j'ai l'habitude de terminer ainsi mes textos à Martin). J'efface à partir de « j'ai rendez-vous », autant pour détourner le mauvais œil que par souci du ridicule, et appuie sur la touche envoi.

J'hésite maintenant à envoyer un mail au père de mes enfants pour savoir si tout se passe bien, prétextant un point d'organisation pour les vacances à venir, et m'abstiens, car toute occasion de recréer du lien l'autorise à s'engouffrer dans la brèche. Qui plus est, comme il n'a encore jamais réussi à se faire publier, il me prend pour le premier et seul cobaye d'une œuvre épistolaire, dont les emprunts à Choderlos de Laclos sont si manifestes que j'en suis venue à me demander s'ils pouvaient être conscients, ou si José se prenait *réellement* pour le maître – les deux options étant possibles, je ne sais s'il faut le préférer mythomane ou plagiaire – et je crains qu'il ne faille dans son cas coupler les deux pathologies. En désespoir de cause, j'appelle Anne, pour lui demander deux trois choses sur Jérôme, sans avoir l'air de m'y intéresser. Mais elle me connaît – nous nous sommes rencontrées sur les bancs de la fac, elle grande, brune, aux yeux bleus, moi aussi menue qu'elle était imposante, aussi réservée qu'elle semblait décomplexée. Nous formions un duo à la critique facile, dont l'alliance transformait nos timidités respectives en garantie d'émasculation – alors j'y vais plus cash : « Bon, ce n'est pas mon genre, je te préviens, mais je

*Jour 2*                                                                61

sais que je dois mettre de l'eau dans mon vin, à mon âge on ne peut plus faire la difficile. C'est comme pour les appartements, je ne peux pas avoir la luminosité et l'espace. » « Qu'est-ce que tu as à perdre de toute façon ? » Rien, c'est vrai, en apparence. Mais tout en réalité : mes illusions, mon engagement, ma liberté, ma confiance en moi (maigre il est vrai, raison pour laquelle ce n'est pas la peine de mettre en danger les lambeaux qu'il me reste), mon amour-propre (même remarque que pour la confiance). Bref, étant donné que le désir est absent, pourquoi se jeter dans la gueule d'un loup légèrement à l'affût, légèrement affamé, metteur en scène de théâtre, ce qui garantit son absence la plupart du temps, mais dont la voix ne me plaît pas (or je suis très sensible aux voix). « Je n'ai pas l'énergie », consciente que cette réponse ne plaide pas en ma faveur, et va donner du grain à moudre à l'une de mes meilleures amies soucieuse de mes flirts répétés avec la dépression. « Alors n'y va pas », me répond-elle, et c'est ce que j'aime en elle, cette franchise qui ne s'embarrasse pas de mes ersatz de fantasmes, de mes rêves soldés, de ma capacité à construire des mensonges auxquels je m'efforce ensuite de croire. « Et tu as rappelé le type qui remplace Marguerite ? » « Non pas encore, j'ai peur. » « De toute façon, tu vas finir par le joindre, donc autant le faire tout de suite, ça t'évitera de tourner en rond. » « Je pensais attendre l'anniversaire de mon père, si j'arrive chez mes parents au chômage, ça va mettre une mauvaise ambiance. » « D'abord tu n'es pas au chômage, mais fonctionnaire avec deux mille euros qui tombent chaque mois, ensuite tes parents n'ont jamais aimé tes lapins pédophiles et autres bestioles aux maladies vénériennes, donc tu m'excuseras, mais ça s'appelle un prétexte à ta lâcheté. » On ne peut pas tricher avec Anne, c'est ennuyeux. « Et puis je te rappelle que tu n'es plus une petite fille, ta mère n'a plus son mot à dire. » « Ça, elle ne le sait pas. » « C'est peut-être à toi de le lui faire comprendre. » « Je ne peux même pas payer la moitié du voyage de mon père. » « Et ton frère, il ne peut pas t'avancer ? » « Je vais lui filer mon manteau Bash, qu'il va aussitôt offrir à sa nouvelle pute. » « Raison de plus pour appeler le type, on ne sait jamais s'il te signe un contrat en or, tu sauves ton manteau. » « Oui mais s'il ne signe pas ? » « Tu ne pourras le savoir que si tu l'appelles. » Cette logique implacable me coupe l'herbe sous le pied. « Tu ne veux pas l'appeler toi ? » « Et je me fais passer pour ton assistante ? » « Pourquoi pas ? » « Arrête Joséphine, elle a raison ta mère de te prendre pour une petite fille. » « En même temps elle a tout fait pour. » « Tu n'es pas obligée de la suivre à la lettre. » « Ou alors tu te fais passer pour moi ? » « Tu n'en as pas marre de te cacher derrière les autres ? » « Justement, ça ne changera pas grand-chose ! » « Écoute Joséphine, tu es professeur de philosophie et écrivain jeunesse, c'est-à-dire quelqu'un qui est censé s'assumer. » « Déjà qu'elle pense que j'ai raté ma vie parce que j'ai divorcé, et que j'habite un trois pièces dans un immeuble sauvé in extremis de la démolition. » « Dont tu es propriétaire. » « Grâce à l'argent que mes parents m'ont prêté. » « Et que tu rembourses

*Jour 2*

chaque mois. » « Plus pour longtemps si je ne signe pas. » « Tu n'as pas l'impression qu'on tourne en rond ? » « Si. »

Me voilà arrivée au même point qu'il y a une heure, les pieds douloureux (car je marche quand je téléphone), le ventre noué, le sentiment d'inconsistance qui cogne contre les murs de mon appartement et rebondit – j'ai l'impression d'être une joueuse de squash débutante, sans maîtrise aucune de la balle, et si je l'esquive je sais qu'elle va finir par me retomber sur la gueule. Pour autant, je décide de ne pas appeler ce soir, de toute façon il est déjà vingt et une heures trente. Un Caprice des dieux et un verre de vin, un bon livre et au lit. Et dire que j'ai rêvé de cette solitude...

J'accomplis le programme à la lettre, jetant un œil sur les carreaux de lumière qui trouent le mur de la Santé, ose des petits coucous de la main pour entretenir l'histoire commencée-avortée de tout à l'heure, pose le front contre la vitre et attends. Il manque quelque chose. Ce doit être ce silence, qui rend le ronronnement du réfrigérateur désagréable. J'allume la radio pour prendre mon dessert, c'est-à-dire un carré de chocolat. Et puis deux, et puis la barre entière, et puis la tablette. Un débat sur la musique baroque me tient compagnie, j'ai l'impression d'être moins seule, et me surprends à répondre au journaliste, alors que je n'y connais strictement rien en musique baroque : « Non je ne suis pas tout à fait d'accord, le baroque désigne désormais plus une époque qu'un style, et quant à Monteverdi... », le journaliste me répond, continuant sur sa lancée, et je commence à m'énerver : « Rameau, Rameau, vous n'avez que ce mot-là à la bouche, alors que la querelle des Bouffons, ça c'est intéressant, ça nous concerne tous, des Bouffons qui s'empoignent pour un enjeu dont personne jusqu'ici, c'est-à-dire depuis le début de l'émission, n'a compris l'intérêt. » Je finis par lui couper le sifflet, change de fréquence, et me ressers un verre de vin. Sur France Info, ils parlent de chaîne alimentaire, et je suis bien contente de préférer un Caprice des dieux (c'est fromage et dessert ce soir, peu importe l'ordre, aucun maître d'hôtel pour me taper sur les doigts, et mon deuxième Caprice des dieux a mis un peu de temps à décongeler) pour accompagner mon troisième verre de vin à des lasagnes surgelées (sans doute aussi froides que mon bout de fromage, mais dont la composition vient d'être dévoilée par le présentateur, ce qui n'est pas le cas du Caprice des dieux, pour l'instant soustrait à toute forme de suspicion).

Inspirée par l'émission, je tente de reconstituer les chaînons de la fabrication des lasagnes. Je pars de la bouillie de viande et remonte au... manchot manchot ? Le chimpanzé obsédé ? Ça reste de la viande. Mais quelle pourrait bien être la créature dont on a arraché le cœur pour le transformer en bolognaise, si ce n'est un animal ? Mon esprit s'égare, si la viande n'est pas de la viande, qu'est-ce ? Je réfléchis assez sérieusement à la question qui m'occupe une bonne demi-heure, lors de laquelle je me sers un quatrième verre de vin. Entre-temps, ils ont changé de sujet, à moins qu'il y ait un rapport entre l'extraterrestre dont sont issues les lasagnes

*Jour 2*                                                                     65

et les essais nucléaires nord-coréens, et en effet, la logique me saute aux yeux : la solution est là, comment n'y ont-ils pas songé plus tôt ? Je prends mon ordinateur pour écrire un courrier au médiateur de France Info, consciente néanmoins que la revue *Nature* serait un destinataire plus scrupuleux et plus réactif. J'hésite à sortir un nouveau Caprice des dieux – je les achète par trois, ils sont en promotion chez U – mais je me mets à douter qu'il s'agisse d'un lait animal, et décide de me servir un cinquième verre de vin, c'est nourrissant et vitaminé, et *a priori* il n'y a pas de doute sur l'origine végétale du breuvage. Remettant à plus tard la rédaction de ma découverte scientifique, je lis mes mails. Robert Durand, prête-nom du spam le plus répandu – qui a un vrai visage ! et pas mal en plus de ça – veut encore racheter mes crédits. Comment sait-il que j'ai des crédits ? Il suffit de le lui demander : « Bonjour, ou plutôt bonsoir monsieur, je vois que vous me proposez de m'aider, j'aurais juste voulu savoir si vous connaissiez mes parents, car à part eux et mon ex-mari, je ne vois pas qui aurait pu vous informer sur l'état de mes crédits, à moins bien sûr que vous ne soyez l'ami de mon banquier, je me disais bien aussi qu'il préférait les hommes, et si j'en juge à votre photo, vous êtes plutôt beau gosse, ça me rassure vraiment de savoir qu'il a une vie sexuelle. » J'envoie.

En attendant une réponse que j'espère rapide, je monte le volume de la radio : à cette heure-là de la nuit, j'attrape les vies comme les hypocondriaques attrapent les maladies dont on parle. Je croise les doigts pour entendre des histoires réjouissantes qui m'aideraient à m'endormir, mais une actrice célèbre est en procès contre son chirurgien esthétique, et la femme d'un marin attend son mari. Je m'inquiète, je désespère, je prends sur moi pour ne pas m'apitoyer sur cette femme de marin, mais son attente est dans le verre de vin que je vide, dans le frigidaire qui ronronne, dans le lit que j'ai refait ce matin, dans la vitre qui me sépare de la nuit et que je me mets à nettoyer pour le voir arriver, deviner sa silhouette qui se matérialise, pour guetter en chaque ombre sa présence, scruter son expression sur chaque visage qui passe, reconnaître sa claudication dans chaque pas ; mais bientôt je suis le marin, seul dans la vaste mer, et sans lumière pour manifester ma présence, promis à la mort, mais ignorant du sursis ; puis à nouveau la femme, qui gagne chaque jour un petit bout de vie, en même temps que je m'empêche de terminer le Caprice des dieux – je n'ai pas résisté – même si ce n'est pas un fromage breton, il n'y a que les marins bretons qui meurent. Je suis l'altermondialiste qui se couche sur les rails, et la petite fille battue à mort par sa propre mère, parce que, selon elle, l'enfant n'a pas réussi à *tisser le lien*. Je suis la fille qui a failli mourir pour avoir pris une pilule troisième génération, et le président de l'association des consommateurs. Je suis la voix du journal, et la chanteuse qui le clôture. Je suis l'humoriste, le billettiste et la préposée à l'astrophysique. Je suis Joséphine Fayolle, mon père est cadre à la SNCF, ma mère orthophoniste. J'ai trente-huit ans et

*Jour 2*  67

je suis divorcée. Il est une heure du matin, et il est temps que je prenne ma vie en main.

Forte de cette clarté subite qui illumine ma nuit, éveillée par tant de lucidité, il me paraît soudain vital de répondre à Émile... Benton ? Émile Bento ? Oui, c'est ça, Bento, comme les boîtes japonaises !... pour l'assurer de mon enthousiasme à travailler avec lui, et peut-être lui parler de mes multiples projets, dont deux ou trois, sur les quatre, sont véritablement sensationnels. Je prends mon téléphone, portée par une énergie nouvelle – je sens que c'est la première heure du reste de ma vie, pour citer un film que je ne me souviens pas d'avoir vu, mais dont le titre m'a marquée.

« Cher monsieur... » Inutile d'écrire son nom dont je ne connais pas l'orthographe, et puis un « Bonjour » guilleret posera le ton de nos conversations à venir. À moins d'écrire « Coucou ». J'aime bien le « coucou », il résonne avec mes personnages. Il y verra nécessairement un clin d'œil au pélican dépressif de mon avant-dernier ouvrage. Je me lance : « Coucou, me voilà ! Pardon pardon pour ces trois jours d'attente, mais j'étais en pleine écriture, perdue avec mes lapins et mes ours, vous savez combien ils exigent de temps ! Alors oui, voyons-nous au plus vite ! Biz, biz Joséphine », et sans relire, j'envoie, en même temps que me tombe dessus la nette conscience d'une erreur irréparable.

Un Lexomil et demi, pour être bien sûre de repousser le lendemain au plus loin. Il y aura toujours une solution, toujours une solution...

# JOUR 3

## *Quand les Bisounours auront des poux...*

Adossée contre un mur au fond d'un café, un col roulé jusque sous le nez, je me demande en quelle matière peuvent bien être les fausses pierres apparentes : elles présentent un mélange de souplesse et de dureté, ne s'émiettent pas, même devant l'insistance de mon index qui depuis dix minutes s'évertue à faire un trou dedans. Deux Chinois parlent dans leur langue à quelques tables de moi, et si l'odeur familière de la cigarette a déserté ces lieux, elle a été agréablement remplacée par un cocktail de sueur sèche, de bière éventée, et d'un soupçon de Ricard : ça sent le vieux, voilà – c'est ce que je cherchais depuis tout à l'heure. L'odeur de ma grand-mère qu'on aurait transportée dans un tripot. La vertu apaisante d'une maison de retraite, où les repas sont servis à heure fixe, où des jeux sont proposés, où l'on vous donne la main pour aller vous coucher, et où, quand les infirmières sont encore jeunes et consciencieuses, elles vous bordent. J'aimerais être le Chat botté et enjamber ma deuxième partie de vie pour arriver directement dans un fauteuil en skaï et jouer aux dames avec une compagne aux cheveux bleus. En attendant de sauter le pas, je suis bien ici, sous les néons qui ont le bon goût d'être jaunes, et non « lumière du jour », celle qui fait ressortir vos points noirs et vos rides si par malheur elle éclaire en même temps que vous un miroir qui vous fait face. Il fait chaud ici. Dehors il bruine. Mes chaussettes sont mouillées, je me demande bien pourquoi. Je vérifie, et constate que ma semelle est trouée, ce qui quelque part me rassure – il y a donc une logique. C'est le troisième PMU que je squatte, et celui-ci est le bon, je l'ai tout de suite senti en entrant, il m'attendait. Je me suis sentie chez moi, dans ce monde ouaté, entourée d'hommes au visage parcheminé par quarante ans de cigarettes, probablement au chômage sinon qu'est-ce qu'ils feraient là à dix heures du matin ? rejouant déjà pour la troisième fois de la matinée au Loto flash le reste de leur RSA. Comme eux, je regarde l'écran où défilent des chevaux, ça a le même effet hypnotisant qu'un aquarium, et je comprends qu'on puisse passer ses journées dans ce monde utérin. Une vieille femme me sert une bière, elle n'est pas pressée, je ne suis pas pressée, il n'y a rien de bon à attendre du dehors, le monde s'arrête à la porte de ce bar, matrice plus accueillante que le ventre de ma mère – dont je suis sortie à sept mois et demi en hurlant, préférant la sécurité d'une couveuse de plexiglas. Tant que je reste sur ma chaise, rien ne pourra m'arriver. Je remplis à mon tour une grille de Loto, et attends avec fébrilité le résultat. Si je gagne, j'émigre au Brésil, et change mon nom ainsi que celui des

## Jour 3

enfants. Xavier Dupont de Ligonnès a bien réussi à vivre quatre ans à ce jour en changeant d'identité sans qu'on lui mette la main dessus. Il est vrai qu'il s'était d'abord débarrassé de sa famille – ce qui n'est pas dans mes projets – et voyager avec deux petits garçons est moins discret que voyager seul.

Je commence à avoir faim. Un vent de panique se lève, ils ne servent rien à manger dans ce bar qui est un vrai bar, c'est-à-dire un endroit où l'on boit, c'est-à-dire un café d'où l'on ne chasse pas les clients dès que midi approche, et où se retrouvent à l'heure du déjeuner tous les laissés-pour-compte de la restauration, qu'elle soit rapide ou lente, tous les contestataires, tous ceux qui ne se laissent pas dicter les horaires de leur estomac, tous ceux qui évitent le métro aux heures de pointe, les noctambules, les chauffeurs de nuit, les à contre-temps, les punks, les cirrhosés, et moi. Sauf que résister à la faim, très peu pour moi. Il y a bien la solution de continuer à la bière pour atteindre le niveau calorique d'un repas gastronomique, mais j'ai le foie en vrac. Et si je sors, je prends le risque de croiser la directrice de l'école, ou une maîtresse, ou, qui sait, l'homme de ma vie : étant donné que je peux faire une croix définitive sur les droits d'auteur qui me permettaient de rembourser mon emprunt ainsi que les activités périscolaires de mes enfants, donc une croix définitive sur le découvert que j'avais commencé à négocier, donc une croix définitive sur mon manteau Bash, il serait inconvenant d'ajouter à la liste l'échec scolaire dans lequel mon sens relationnel à partir de 0,50 gramme d'alcool dans le sang

72                           *Les invasions quotidiennes*

plongerait nécessairement mes enfants, ou la débâcle amoureuse – qui dans mon cas semble commencer avant la rencontre.

À travers la vitre, j'aperçois un petit restaurant chinois vide (il est midi et quart, l'heure où les Parisiens commencent à se battre pour s'asseoir à table), excepté la restauratrice elle-même, qui mange à une table (peut-être pour donner le sentiment qu'il y a quand même du monde pour venir goûter la délicieuse cuisine d'une province reculée du Tonkin – et l'on sait bien que voir des Chinois manger dans un restaurant chinois est for-cément un gage de qualité) sauf qu'elle déballe un Big Mac tout droit sorti des terminaux de cuisson du fastfood hallal mitoyen. Quand je disais que j'avais de la chance : c'est très exactement ce qu'il me faut, sans oublier le néon qui a dû être acheté chez le même four-nisseur que celui de mon PMU salvateur. Or, aujour-d'hui, le néon est à mon état d'âme ce que le tue-mouche collant est à la mouche, ce que la peau de mon fils Adrien est au moustique, ce que la devanture d'un magasin de chaussures est à mes yeux, ce que le soleil est à Icare, bref : je suis inexorablement attirée.

Je me lève lentement, paye en pièces jaunes, et me concentre quelques secondes avant de sortir. Je sais bien qu'à un moment de la journée la lucidité me reviendra en pleine gueule, et que ce moment est peut-être arrivé. Je cours de l'autre côté de la rue pour m'engouffrer dans « l'antichambre » de la matrice, laquelle ne dégage plus du tout la même odeur, fritures usées et oignons frais, et m'assois lourdement sur une chaise en plastique

*Jour 3*                                                          73

imitation bois et commande des nems ainsi qu'un wok
de légumes. Plus de courses de chevaux pour occuper
mon esprit. Peu à peu, se libérant des vapeurs de
l'alcool, des bouts de phrases me reviennent, comme
les sous-titres d'un film : mon texto parti ce matin à une
heure trente.

Ce sont d'abord les mots d'ouverture et de clôture
qui défilent dans ma tête, dansant, sautillant en ronde :
« coucou », « biz », « biz, coucou ». La honte s'en-
racine, des plaques rouges recouvrent le haut de ma
gorge, et bientôt mes joues. Je comprends d'un coup ce
que signifie brûler de honte, j'ai chaud, mon corps se
décompose, je mange mes nems par grosses bouchées
sans prendre le temps de mastiquer, je ferme les yeux
avec l'illusion de disparaître – toujours fidèle à ma
théorie, si je ne regarde pas, je ne suis pas vue.

Pourquoi l'écriture du pouce (car je suis passée
depuis peu de l'index au pouce imitant en cela les amis
de mon fils aîné qui possèdent déjà leur propre
téléphone portable) produit-elle inévitablement la miè-
vrerie et l'imbécillité ? Le pouce est pourtant ce qui
distingue l'homme de l'animal : « Anaxagore prétend
que c'est parce qu'il a des mains que l'homme est le plus
intelligent des animaux. Ce qui est rationnel, plutôt,
c'est de dire qu'il a des mains parce qu'il est le plus
intelligent. » S'il croit, Aristote, que je continuerai d'en-
seigner ses rengaines auprès d'étudiants qui passent
leurs heures de cours à prouver sa démence sénile,
envoyant des textos en langage phonétique à leurs copines
analphabètes, lesquelles pensent sérieusement que les

voyelles sont une résilience archaïque d'une langue
morte, il se fourre le doigt dans l'œil, parce que ça peut
servir aussi à ça, un doigt. Machinalement, ma main
frotte la table avec acharnement, comme pour effacer
quelque chose. Mais la tâche est là, indélébile : il y
a un homme, quelque part, nouveau responsable de la
collection phare d'une maison d'édition internationa-
lement reconnue, qui occupe son bureau depuis une
semaine, rangeant les derniers manuscrits qui y traînent,
installant les photos de ses enfants dans un cadre jouxtant
l'ordinateur, prenant ses responsabilités à cœur, misant
encore sur la littérature jeunesse envers et contre la
marée télévisuelle de mangas japonais qui forment dès
le plus jeune âge leur mauvais goût, désireux de former
une armée de résistants, puisant chez eux les accents
enfantins et poétiques que la société de consommation
et l'âge adulte engloutissent, misant sur un sursaut
d'âme, un sursaut de littérature ; cet homme-là a reçu
un texto d'une de ses plumes maîtresses, et qu'est-ce
qu'il a lu ? « Coucou, pardon pardon, biz biz », la prose
la plus débilitante où s'expriment tout ce qu'il hait, tout
ce qu'il pourchasse, le sucré, le mignon, le petit mot,
l'affect aseptisé, la redondance ridicule, le parlé familier,
le faux langage enfantin, la triche, la pitrerie qui s'ignore,
la laideur, le tiède, la vulgarité, le pathos joli, la transgression, la gaminerie, la médiocrité, l'échec de la
langue, la démission du français, les Bisounours. La
litanie s'accompagne de mes larmes silencieuses, larmes
d'une vaincue qui accepte le prix de son humiliation. Je
crois que je serai demeurée le reste de ma vie dans ce

*Jour 3*

restaurant chinois si la femme n'était venue m'annoncer qu'elle allait fermer.

Remisée dehors, sous la pluie, les semelles trouées, le front écarlate, les yeux cernés et rouges, j'observe avec une certaine attirance une grosse femme aux cheveux gras fouillant dans une poubelle. Je voudrais l'accompagner, être son amie, me serrer contre elle sur le banc du métro, et que tout le monde m'oublie. Je demande pardon à mon père, Régis, pour l'affront – il ne pourrait comprendre mon attirance pour le renoncement – d'autant que cette femme n'a peut-être pas choisi de manger des épluchures au lieu des nems que j'ai dévorés sans même prendre la peine de les déguster. Il ne me reste plus qu'à remonter chez moi et à me fouetter le dos pour le reste de la journée, expiant les fautes et les mauvaises pensées dont je ne tiens plus la liste à jour, et que je suis heureuse de ne pas avoir envoyée en pièce jointe à mon futur-ex-feu-directeur de collection.

Je monte les trois étages à pied, pour commencer la contrition. Arrive essoufflée devant ma porte, allume une cigarette avant de chercher mes clés – après l'effort elle est toujours meilleure – finis par ouvrir. Mon premier regard se porte malgré lui sur la table basse où gît l'objet de mon crime. Je laisse tomber manteau et sac à terre, me dirige vers la vitre pour jeter un œil à mes prisonniers, prendre du courage et m'efforcer au relativisme. Mais, au lieu de me considérer chanceuse de vivre à Berlin-Ouest, je ne peux m'empêcher de les envier : au moins là-bas, derrière le rideau de fer, ils n'ont pas droit au portable... Ma mère dirait que je suis égoïste – c'est le premier mot qu'elle a prononcé penchée sur ma couveuse. J'avoue ne plus tout à fait m'en souvenir. Dans la vitre, j'aperçois mon reflet, il est strié de gouttes de pluie dévalant à un rythme régulier. N'y tenant plus, je m'en retourne vers la table basse. Je prends en tremblant l'iPhone 4 où me sourient mes fils. Un rayon de lumière transperce les nuages. Dieu me fait signe, je tape ma date de naissance pour accéder à mes données. Un message en attente. J'ouvre, il est signé « Émile Berthot ».

Je m'assieds, sans même lire, pour calmer les battements de mon cœur et le tremblement de mes jambes. Inspiration, expiration. Pourquoi ne lui ai-je pas dès le réveil envoyé un mot d'excuse ? « J'étais avec des amis hier soir, un pari ridicule en fin de soirée, une de mes amies a pris mon téléphone et a envoyé des textos au hasard de mon répertoire. Je m'aperçois avec horreur que vous en fûtes la victime... » Réintroduire un peu de subjonctif pour faire oublier le « biz biz ». Mais l'histoire tient-elle la route ? Plus sobre peut-être « Mes enfants ont joué toute la soirée avec mon téléphone, vous m'en voyez désolée ». C'est une excuse dont j'ai déjà abusé et qui frôle le vraisemblable, même si j'interdis pour cette raison précise et depuis qu'ils savent lire à mes fils de jouer avec mon portable. Oui mais. Le texto a été envoyé à une heure trente du matin. Une mère raisonnable et spécialiste de la jeunesse – c'est même son espace de création – laisse-t-elle ses enfants

*Jour 3* 77

jouer au milieu de la nuit avec un objet dont on commence à savoir qu'il produit inexorablement un cancer au cerveau ? Bon, de toute façon, c'est trop tard. M. Émile Berthot a déjà répondu. Reste à trouver le courage de lire sa réponse.

Je ne vais pas faire durer la torture. J'allume une cigarette, et très négligemment (au cas où quelqu'un m'observerait), m'empare du téléphone. Un dernier regard à mes enfants, affichés sur l'écran, et j'ouvre le message.

« Chère Joséphine, je commençais à m'inquiéter. Ravi que nous puissions convenir d'un rendez-vous prochain, à mon bureau ou à l'extérieur. À votre convenance. Émile Berthot. » Comme mes yeux intègrent le contenu du texte, mon estomac se relâche, mon cœur s'apaise, une vague de soulagement s'abat sur moi, donnant lieu à une exultation, de l'ordre de celle qu'on éprouve au sommet de l'adolescence. Je relis néanmoins pour m'assurer de la réalité des mots. Mais ils sont bien là, dans l'ordre susdit, conférant donc à la phrase le sens même que je lui avais trouvé. Je repose le portable, tremblante, me lève et finalement me rassieds sur le canapé. Je relis une troisième fois le texto. Les mêmes mots, la même structure syntaxique et logique, mais déjà, le sens commence à changer. « À mon bureau ou à l'extérieur. » Qu'entend-il par là ? Est-ce une invite ? Une façon de placer le terrain de la discussion sur une intimité à laquelle j'aurais donné prise par mes « biz biz, pardon pardon », redondance stupide qui me poignarde à nouveau, ouvrant le champ à n'importe quel pauvre type, y compris et surtout son supérieur hiérarchique, qui se trouve être un homme, tandis que vous êtes une femme, inféodée à sa décision de publier ou non, de poursuivre une collaboration ou non ? Une femme de trente-huit ans, libre de surcroît (donnée qui n'est pas mentionnée dans mon CV, mais que Marguerite a dû s'empresser de transmettre à son successeur, sachant que celui-ci est porté sur le harcèlement sexuel) ?

D'un abîme à l'autre, j'essaie de retenir la chute, de m'accrocher au piton défaillant pour ne pas dégringoler plus bas encore, mes doigts s'accrochent, se blessent, je sens mon corps lourd m'attirer vers le bas, dans deux secondes je me fracasse le crâne. Certes, il conclut par un « À votre convenance » relativement sage, poli. Mais sans pour autant l'accompagner d'un « Cordialement » ou d'un « Bien à vous », sans doute trop formel à son goût pour répondre au message pathétique d'une enfant attardée qui écrit z au lieu de se, et qui envoie « biz » au lieu de « sincèrement » ou que sais-je ? « bise », c'est-à-dire « baiser », c'est-à-dire poser mes lèvres sur ses joues, c'est-à-dire toucher un homme que je n'ai jamais rencontré et qui plus est, mon directeur de collection, « baiser », c'est-à-dire ne point perdre de temps des lèvres au sexe, oh mon Dieu.

Je plonge mon visage entre mes mains et me tire les cheveux, les enroule autour de mes doigts et les mâchouille, découvrant une fourche à sept branches, diversion bienvenue nonobstant le symbole : je m'empare

*Jour 3*                                                                79

du coupe-ongle coincé dans un pli du canapé, et procède à un balayage de mon cru. Mais je n'en ai pas fini avec son message crypté.

*À votre convenance.* Ainsi me laisse-t-il le choix. Au moins ne me tutoie-t-il pas, ce que mon ton l'aurait autorisé à faire. La balle est dans mon camp, et si je sais bien lire, l'ambiguïté plane. À moi de la trancher. Il est temps de remettre les choses à leur place, et je décide d'adopter un ton austère pour bien lui faire comprendre que le choix est déjà fait, malgré l'incident d'un malheureux texto sur lequel il est inutile de revenir. À moins de faire croire que je n'ai jamais reçu le sien ? Mais cela impliquerait que le mien ne soit jamais parti non plus, ou que je ne l'ai pas écrit, bref, cela impliquerait de lui faire croire aux fées (après tout j'y crois bien moi-même, alors pourquoi pas lui ?)

Je prends un papier et une feuille pour éviter toute précipitation. Rien ne vaut un brouillon, trituré dans tous les sens – et j'en sais quelque chose, j'ai quand même écrit quinze livres – avant d'atteindre la forme parfaite. « Cher Émile Berthot – à ce propos je ne m'étais pas trompée sur le h, excusez le x mais c'est mon goût du rococo, l'orthographe française ne nous déçoit jamais, elle a le sens de la gratuité et c'est pour cela que j'aime à en manier l'invisible. Voyez l'oralité dès lors qu'elle s'invite dans l'écrit : elle nous rend bête. Et j'entends bête au sens littéral du mot, si "bise" peut s'écrire "biz", autant revenir à l'onomatopée et à la simple parole qui n'est pas encore langue, vous me l'accorderez, c'est-à-dire au stade purement mécanique du langage, lequel n'est pas à même de prouver la réalité de l'esprit, celui-là même qui nous distingue des bêtes. »

Je sens que je m'emballe. Après un effort, car c'est toujours pour moi une violence d'amputer un texte – j'ai un problème général d'endeuillement, mais ce n'est pas le moment de lui en faire part – je biffe mon paragraphe. « Cher Émile Berthot... merci pour votre message. » Je raye. Pourquoi merci ? Je n'ai pas à le remercier de chercher à me joindre quand nous devons discuter de mon nouveau livre. C'est tout de même moi l'auteur, je ne dois pas me mettre en position d'infériorité, et remercier à tout bout de champ. Déjà dans la cour de l'école, je remerciais le garçon dont j'avais gardé le sac pendant toute la récré pour qu'il aille jouer au foot, je remerciais ma mère qui me réveillait en retard pour l'école, parce qu'elle m'avait quand même réveillée, et pour le jus d'orange que personne n'avait terminé (un pur hasard) avant que je m'éveille, il m'en restait une goutte, c'était déjà ça, merci. « Émile Berthot, j'ai bien reçu votre message. Il m'étonne car je ne vous en avais pas envoyé. »

Je rature. Le déni ne fonctionne plus quand il est écrit. « Cher monsieur, message bien reçu, je suis libre la semaine prochaine pour un rendez-vous AU BUREAU. » L'indication de temps est trop large, il va croire que je n'ai rien à faire, et l'expression sibylline « je suis libre » mettrait en contact nos inconscients, quand je veux précisément lui signifier le contraire (Freud prend parfois la place de Kant pour me susurrer des conseils à

*Jour 3* 81

l'oreille, cela ne m'a malheureusement jamais évité une erreur). Inutile aussi de souligner « au bureau », il va croire que je me fais des idées (ce qui est vrai), or si par malheur son propre message ne recelait aucune intention subliminale, c'est moi qui passerais pour une nymphomane, ce qui pourrait appuyer l'une des interprétations possibles de mon premier SMS. À ce stade de la rédaction, je me demande s'il a pris autant de temps pour m'envoyer son propre texto. Je l'imagine devant son écran, écrire avec l'index, puis effacer, puis réécrire, faire lire à son meilleur ami le message pour validation, rechercher sur Safari la confirmation de l'orthographe de chaque mot. Je m'attendris devant ses hésitations, ses palpitations, on dirait un jeune homme exalté et timide à la fois – Émile, il faut grandir !

Le téléphone sonne, et me fait sursauter. Le prénom de mon frère s'affiche. Je décide de ne pas répondre, mais pour éviter qu'il croie que je lui raccroche au nez, attends que la sonnerie s'interrompe d'elle-même, ce qui brise l'élan de mon inspiration. En même temps j'aurais pu lui soumettre mon brouillon, mais mon frère, toujours à l'affût d'une aventure sexuelle, ne saurait que me conseiller des phrases équivoques, aussi suis-je bien aise de reprendre mon labeur dans une solitude somme toute épanouissante. Comme je réécris « Cher Émile Berthot », la mine de mon crayon se casse. Il est des petits événements que certains jugeraient anodins, mais qui peuvent vous faire fondre en larmes. D'autant que je n'ai aucune idée de l'endroit où est rangé le taille-crayon de Gabriel. Je vais fouiller dans ses affaires, en faisant attention à ce qu'il n'en sache rien. Impossible de mettre la main dessus. J'en profite pour ramasser ses chaussettes et ses slips égarés ici et là, les flaire pour m'assurer de leur état de propreté. Je ne sais plus ce que j'étais venue faire dans sa chambre, qu'à cela ne tienne, un nouveau but s'impose à moi : faire une lessive. Je remue la maison pour récupérer tout ce qui traîne, et enfournant les affaires dans le tambour de la machine à laver le linge – je me souviens soudain du taille-crayon. En désespoir de cause, je prends un couteau aiguisé et sculpte la mine.

De retour sur mon canapé, je me sens lessivée, et ce n'est pas un jeu de mots. Plus aucune idée. Je relis le message d'Émile Berthot. Pourquoi une journée et une nuit gâchées pour un simple texto informatif ? Pourquoi le PMU qui m'a reçue comme un utérus accueillant (ce qui pour moi est un oxymoron) ? Pourquoi le chinois dégueulasse où j'ai mangé sans mâcher des nems que je n'aime pas, mais qui sont le seul plat dont je connaisse le nom et qui m'économisent les trois quarts d'heure de lecture d'un menu asiatique ? Pourquoi gribouiller une feuille blanche et manquer me couper le doigt pour rendre utilisable un instrument déchu, le crayon à papier ? Pourquoi me prendre la tête pour un vague inconnu avec qui bien malgré moi j'ai tissé un lien, le plus sûr, le plus familier : celui de l'humiliation ? Je m'arrête là dans l'apitoiement, car d'un crayon mal taillé à la faillite de mon couple, à la tristesse de mes enfants, au manque d'amour de ma mère, aux doutes quant à ma créativité et quant à mon avenir, il n'y a

*Jour 3*

qu'un pas. Je décide d'en finir et rédige un SMS de trois phrases : « Bonjour monsieur, je suis disponible mardi ou jeudi, bien à vous, Joséphine Fayolle. » J'envoie.

Ce n'était pas si difficile, mais j'ai l'impression d'avoir couru le marathon de New York. Me voilà épuisée à l'heure où le vrai travail commence. Je donne mercredi mon cours sur le possible chez Bergson et n'ai même pas fini de structurer l'introduction. Je dois me dépêcher, quelques heures seulement me séparent du retour des enfants. La simple pensée que José va nécessairement apparaître avec eux est source d'une inquiétude diffuse. Un nouveau match se profile – tout dépendra de son humeur et des urgences qui l'obligeront à partir, mais en général, lorsqu'il ramène les enfants, il ne prend pas de rendez-vous dans les trois heures suivantes, ce qui me contraint régulièrement à lui signifier son départ, et appelle de sa part la réplique presque inchangée « Tu me chasses ? Très bien, puisque tu ne veux jamais parler, nous irons en justice comme tu le souhaites ». Menace jamais suivie d'effet, ce qui lui permet de la réitérer une fois par semaine, après m'avoir entretenue de son nouveau cancer au côlon, de sa tumeur au cerveau, ou de sa sclérose en plaques dont il a tous les symptômes (il arrive même à inquiéter les médecins, à moins qu'ils n'aient flairé la proie idéale – et pour cause, il passe plus de temps avec eux qu'avec ses enfants). C'est aussi ce qui a retardé notre séparation : comment quitter un homme qui va mourir ?

Et quand ils déboulent, trois heures et la moitié de mon cours plus tard, rouges et excités de leur après-midi en roller, ça ne rate pas. Comme ils tentent de me raconter en chœur ou en chaos les pirouettes que chacun a réalisées et les chutes que l'autre a faites, José entre derrière eux et se met à fouiner : « Où est-ce que t'as mis mes radios ? » « Bonsoir. » « Oui bon, bonsoir-ça-va Charlotte, mes radios ? Elles sont où, j'en ai besoin pour demain. » « Je ne vois pas comment tes radios pourraient se retrouver là, étant donné que ça n'a jamais été chez toi. » Ce simple constat ne l'impressionne pas, il a des explications à tout : « Rends-les-moi Joséphine, je ne comprends pas l'intérêt que tu as à les planquer », et disant cela, José entre dans ma chambre et retourne mon bureau − brouillons, copies, factures volent pêle-mêle au sol.

Depuis la porte de ma chambre, je le regarde, coite, démunie. Répondre c'est accréditer sa folie, mais ne rien dire aussi. Je prends mon courage à deux mains et m'approche. « Tu dois prévenir avant de passer, et je ne te permets pas de fouiller dans mes affaires. » « T'inquiète, c'est pas vraiment tes histoires de chiens transgenres qui m'intéressent. » « Ah oui j'oubliais, la Grande Préoccupation. C'est quoi cette fois ? La glotte ? La luette ? L'appendice ? Le cervelet ? Ou non, tiens, le cœur ! » « Moque-toi tiens, tu feras moins la maligne le jour où j'aurai mes résultats. » « Les dents de sagesse ? » José s'arrête, le regard rendu fou par la transgression inacceptable qu'une légère ironie porte à ses entrailles. Or ses entrailles sont sacrées, elles logent tant de cancers

*Jour 3* 85

potentiels qu'il les scrute comme les voyantes le marc de café. José aime son intérieur, à tel point qu'il l'extériorise beaucoup. « Qu'est-ce que tu cherches Joséphine ? Tu veux m'humilier ? T'en as pas déjà assez fait comme ça ? Mais tu me connais Joséphine, si on essaie de m'abattre, je peux devenir fou. » « Je crois que c'est déjà fait. » José se colle à moi, je me recule, si les enfants n'étaient pas arrivés derrière moi, peut-être m'aurait-il frappée. Il s'arrête et plonge dans un tiroir, s'attaquant à une pile désordonnée de relevés bancaires. Je profite de l'aubaine : « Dis-moi, puisque tu t'intéresses à mes comptes... Quand penses-tu pouvoir me payer la pension ? » « La pension ? Pour faire quoi ? Des coquillettes tous les soirs aux enfants ? » « Parce que tu me la dois et que ça fait six mois... » « Ça suffit maintenant, pas devant les enfants. Aucune limite, tu n'as aucune limite », marmonne-t-il tout en mettant sens dessus dessous *mes* affaires, dans *ma* chambre, devant *mes* enfants. « José, tu pars maintenant, et si tu pouvais arrêter d'oublier des choses chez moi pour avoir à venir les chercher... » Mais José au lieu de ça change de visage. Les larmes aux yeux, il s'assied sur la canapé du salon, porte la main à sa tête, et bredouille un « excuse-moi, je ne sais plus ce que je fais ». La pirouette me déstabilise, comme à chaque fois. Il renchérit : « Je peux rester cinq minutes ? » Mes yeux doivent lancer des éclairs, mais personne ne s'en aperçoit. Les deux garçons attendent fébrilement ma réponse. Elle arrive sèche et pourtant déjà vaincue « Cinq minutes ». Autrement dit, pas une de plus. José étend ses pieds sur la table basse, comme s'il était chez lui, et me demande si je n'ai pas envie d'un verre (sous-entendu, sers-moi un verre). Je m'exécute, sans ouvrir la bouche pour ne pas exploser. Gabriel et Adrien s'agglutinent sur le canapé, profitant de cette présence inespérée du père dans le salon de la mère, après une scène de panique qu'ils voudraient oublier.

J'ouvre une bouteille, apporte deux verres sur la table basse, et malgré ma décision de ne pas boire – les excès de la veille se rappellent encore à mon crâne, et partager avec José ce moment d'intimité me débecte – j'avale cul sec le verre de sancerre. Pour occuper mes mains, et ne pas voir la scène de *mon* ex-mari avachi dans *mon* canapé, celui-là même où j'ai passé une intense journée, je prépare des pâtes *aux trois tomates* (mon principe du « au cas où... » se justifie enfin), les mains tremblantes, des fourmis dans les pieds, des sensations de vertige. Je ne regarde pas ma montre, mais il me semble que les cinq minutes sont passées sans que rien ne bouge dans la pièce. J'apporte les pâtes sur la table basse, José s'extasie : « Ça a l'air bon ! Je peux en avoir ? » Adrien lui répond « Bien sûr » avant même que j'aie pu intervenir. Me voilà contrainte de lui faire une assiette, à lui aussi, et de comprendre qu'il va rester dîner (et que par voie de conséquence je vais devoir laver son assiette). Je suis interdite – mais me garde bien de toucher à la nourriture pour ne pas avoir l'impression de partager ce repas avec lui. Pourtant j'ai faim. José mange lentement, jouant avec les spaghettis. Il s'est resservi tout seul un verre de vin, j'attends paralysée et muette que mes garçons

## Jour 3

aient fini leur assiette, pour m'exclamer « Allez, au lit, demain il y a école, dépêchons-nous ! » Mais l'un veut un dessert, tandis que l'autre, qui a appris à lire l'heure, me fait remarquer qu'il n'est que dix-neuf heures. « Eh bien dix-neuf heures, c'est parfait, vous avez du sommeil à rattraper », dis-je en lavant les assiettes. José se lève enfin, devant mes gestes de plus en plus exaspérés. « J'aurais bien aimé qu'on parle. » « Mais ça fait une heure que tu es là ! On n'a plus rien à se dire ! » Sur quoi Gabriel demande d'une voix plaintive : « Pourquoi vous ne vous remettez pas ensemble ? » Là, ce que je gardais contenu depuis le début de la soirée explose : « Parce qu'on ne s'aime plus ! » José corrige : « Non, ce n'est pas vrai, je ne sais pas moi, si je ne t'aime plus, je t'aime encore à ma manière. » Je lui indique du doigt la porte. « Tu vois, tente-t-il, tu fuis toujours la discussion. Parler entre adultes, tu as dû oublier... » « Pars. » À peine maître de lui, il sort en furie de la pièce, et claque la porte. Adrien me demande : « Pourquoi il dit pas au revoir ? » « Tu as déjà entendu papa dire au revoir mon cœur ? »

Tremblante de colère ou de peur, je passe trois quarts d'heure à faire la vaisselle et à ramasser mes papiers. Pas question de trier ce soir. J'en fais un gros tas que je pose sur mon bureau, tombant alors non pas sur les radios de José, mais sur ses lunettes. Je suis tentée de les écraser et de les mettre à la poubelle, mais je choisis la voie morale (c'est-à-dire coupable), et les mets dans le cartable d'Adrien, en prenant soin de cracher dessus.

Un dimanche soir tout à fait normal : mes enfants ne se coucheront pas à dix-neuf heures, car je me sentirai obligée de leur parler longtemps avant qu'ils ne s'endorment, expliquant les grandes personnes, les différences entre amour et amitié (j'omets la haine), les liens entre parents même quand ils ne s'aiment plus, l'amour pour leurs enfants, inchangé, tout en évitant aimablement d'émettre la moindre critique sur leur père. Une épreuve de force. Qui s'achève en KO, quand après avoir caressé une bonne quinzaine de minutes la tête de mon petit dernier qui ne peut s'endormir autrement, j'y découvre un pou. Gabriel en pleure d'humiliation : « Mais on vient de faire le grand chantier Pouxit ! Il n'y a même pas une semaine ! » « Eh bien, le grand chantier Pouxit reprend du service », dis-je conquérante. Cette fois, je promets à Gabriel l'extermination complète et définitive, et je ne pense plus seulement aux poux. « Ce soir ? » se récrie-t-il. « Non demain mon chéri, à chaque jour suffit sa peine. »

# JOUR 4

*Où une souris prend le pouvoir,
tandis que les chiens sont interdits de Livret A*

Accompagner des enfants à l'école évite les errances aux PMU en tous genres, et pourtant la scène d'hier aurait pu m'y pousser – aujourd'hui, abstinence. Mais à propos d'abstinence, je commence à m'inquiéter sérieusement. Peut-être devrais-je, pour faire passer le temps et offrir à mon corps un exercice d'hygiène, répondre à Martin qui m'a relancée à peine le médecin de garde expédié. Je sais cependant que Martin me laisse toujours dans un état de tristesse plus dévastateur que le néant somme toute gérable de mon quotidien. Sans compter qu'il faudrait un miracle pour qu'en deux jours il ait retrouvé sa fameuse vigueur – à condition d'avoir arrêté en cachette ses neuroleptiques, comme j'ai hésité à le lui suggérer. Mais Kant semble être parti en promenade ce matin, et ma raison avec lui. Au lieu de profiter de l'effet bénéfique de ma première cigarette (normalement elle me fait venir des idées), je tape sur mon téléphone : « Seize heures trente chez moi ? »

Je profite des quelques heures qui me séparent de mon rendez-vous à la banque pour faire le tour de mes papiers – déclaration d'impôts, comptes, et autres tâches urgentes que la fouille intempestive de José aura eu le mérite de remettre à l'ordre du jour. Je remplis, classe, trie, fais des tas, range dans mes tiroirs. Et pour me récompenser d'avoir enfin accompli cette corvée, j'ouvre YouTube, tape « premiers castings » (ce nouveau site fait mes délices), et me passe en boucle Charlotte Gainsbourg, pour retrouver cette joie pure qui fut la mienne quelques minutes il y a vingt-huit ans, lorsque mon père m'a découvert une ressemblance avec elle, une ressemblance qui aurait pu enfin me rendre visible, et que ma mère s'est empressée de salir. La honte se mêle au souvenir, honte de mon visage, honte de mon corps trop menu, de mes seins trop petits, de mon teint trop pâle, alors je passe aux Black Keys pour réactiver ma mémoire érotique. Je pourrais passer des heures devant *Little Black Submarines* – je n'avais pas trouvé un objet de fantasme aussi sexy depuis Jim Morrison – c'est dire si le temps a passé. Dans une minute, je me mets à danser, pour sentir le corps de Dan Auerbach contre le mien dont j'oublie les angles, ses mains dans mes cheveux, puis sur mes fesses, je renifle son torse trempé de sueur, il chante à mon oreille, sa voix me vrille le ventre. Si j'étais restée Charlotte, si la parole de mon père l'avait emporté sur celle de ma mère, si mon enfance n'avait pas été celle-là, cela serait peut-être possible – non ce serait déjà fait. Il en fut autrement. Me restent les maniaco-dépressifs et les

*Jour 4* 91

prisonniers d'en face. Un jour je détruirai mon mur de Berlin, et serrerai dans mes bras la poignée de serial-killers qui pendant des années m'ont intégrée dans leurs fantasmes, étant donné que je ne ferme jamais les rideaux lorsque je me déshabille, dispensant les seuls bienfaits dont je sois capable aux pauvres hères en rut croupissant de l'autre côté de la rue. Voilà ce qu'il en est de ma sexualité à l'heure actuelle : donner du plaisir à des pervers sexuels en m'exposant à leurs regards – et encore, je n'ai même pas la preuve qu'ils m'observent.

Mais soudain le téléphone vibre. Un message d'Émile Berthot. À nouveau mon cœur se serre – pourquoi ce sentiment d'imminente catastrophe à chaque fois que son nom apparaît ? « À tout hasard : un rendez-vous s'est annulé aujourd'hui à seize heures... seriez-vous libre ? » Un spectre de sentiments m'envahit, s'achevant sur un problème concret : le rendez-vous avec le banquier sera-t-il terminé ? Dois-je annuler Martin qui ne m'a pas encore répondu ? Je décide, peu sûre de moi, d'attendre une réponse de la part de ce dernier, laissant la porte ouverte au lapin que je risque de lui poser, à moins que lui-même n'envisage cette solution, mais alors qui saura qui a posé un lapin à qui ? Je me donne encore une heure pour trancher, le temps de manger un morceau, puis j'inspecterai ma garde-robe pour préparer mes rendez-vous – mon banquier profitera de l'aubaine.

Mais sur le seuil de la cuisine, je m'arrête net : une souris tranquillement installée au milieu de la table me fait face. Elle est en train de grignoter le reste de baguette de la veille... Terrorisée, je la regarde terminer les dernières miettes. Je décide de chanter à tue-tête pour la faire fuir. Mais mon « Dans la jungle, terrible jungle, le lion est mort ce soir... » la laisse parfaitement indifférente, voire provocante : elle s'est arrêtée et me regarde droit dans les yeux, avant de replonger la tête dans le quignon. Me réfugiant au salon, je projette d'appeler à l'aide par la fenêtre, me souvenant aussitôt que mon seul vis-à-vis consiste en une dizaine de prisonniers le nez collé aux barreaux, aussi impuissants que moi – même s'ils sont forcément désireux de me venir en aide.

Aussitôt culpabilisée par la disproportion que je suis contrainte de constater entre mon sort et le leur, je décide de sauter le repas pour leur offrir en spectacle ma séance d'habillage, payant ainsi ma dette. J'ouvre grand les portes de mon armoire, décidée à faire vite. Mais au moment même où je découvre les infinies possibilités qu'elle recèle, l'hésitation m'assaille. La partie est loin d'être gagnée. Aussi, après un bref calcul, je conclus que le temps du déjeuner sauté récupère le temps de l'hésitation – opération nulle, je peux m'adonner sans scrupule à la recherche de la bonne chemise.

Il faut procéder par élimination. Ce sursaut de rationalité me met en joie : certaines sont proscrites d'avance – elles me portent la poisse, je le sais d'expérience. « Pourquoi les gardes-tu, alors ? » me demande Kant avec son œil (qui parle aussi). « Eh bien... je ne sais pas... Qui sait si jeter une chemise maudite ne provoque pas un peu plus le mauvais œil ? Je ne m'y risque

*Jour 4*                                                                93

pas. » Kant opine, l'air de considérer que c'est une raison suffisante. D'autres chemises sont tachées, mais je ne les lave pas car j'ai peur qu'elles ne résistent pas à la machine – leur texture est trop indéfinissable.

Après un certain temps, qui m'aurait largement permis de déjeuner, j'opte pour une chemise vieux rose et un jean slim, des bottines de daim sauvage, un peu country, et un pull rouge. D'aucunes m'interdiraient de mêler le vieux rose au rouge, mais d'aucunes se tromperaient. L'ensemble est tout à fait seyant, même si le pull cache la chemise si soigneusement choisie, or en cette époque de grisaille je suppose que je n'aurai pas à l'enlever. On ne peut pas dire que je mette ma féminité en valeur – mais quelle féminité, me murmure ma mère ?

Une fois dans le métro, et comme je n'ai toujours pas de nouvelles de Martin, je me décide enfin à répondre à Émile Berthaux. « Seize heures, parfait. » Au fond, les choses s'organisent bien. Je pourrais dire à mon banquier qu'une bonne nouvelle se prépare, et que je m'apprête à signer. « Je voulais vous faire la surprise et arriver avec le contrat, mais vous m'avez devancée ! » m'imaginé-je lui annoncer, souriante, victorieuse. La chimère est tellement jouissive que je finis moi-même par m'en convaincre, et c'est le cœur léger que je m'arrête devant un unijambiste qui fait la manche au pied d'une affiche de *Happy Feet* (l'a-t-il fait exprès ? Je demeure béate devant un tel sens de la mise en scène). L'unijambiste me tend son escarcelle, je lui souris, sans même avoir l'idée de sortir mon porte-monnaie. Je l'observe comme une œuvre d'art animée, une installation contemporaine à la Mike Kelley, jusqu'à ce que l'homme commence à m'insulter. Prise d'un éclat de lucidité, je me rends compte que l'unijambiste est vraiment un unijambiste, que sa boîte est vraiment vide, et que je l'ai humilié. Percluse de remords, j'ouvre mon porte-monnaie, et en sors le billet de dix euros qui attendait, solitaire, entre deux tickets de caisse. Je reçois un grand sourire édenté en échange, et m'échappe en courant, consciente d'avoir perdu dix euros non par charité, mais par honte, ce qui est loin de ressembler à de l'altruisme.

Je sors du métro légèrement angoissée et entre dans la banque. Je m'assois sur un fauteuil et, pour passer le temps car mon banquier me fait attendre (installant déjà le rapport des forces en présence), je lis les prospectus, seule littérature à disposition, rêvant au contrat miro-bolant que le nouveau directeur de collection, Émile Berthot, va sans aucun doute me proposer. Charlotte Gainsbourg qui a décidé de m'accompagner aujour-d'hui – mais quelle idée d'avoir surfé sur le site des premiers castings ? – me murmure à l'oreille : « Tu vas le négocier ton découvert ! », « Mais qu'en sais-tu, lui réponds-je aussitôt, as-tu jamais été à découvert ? », « Tu commences à m'emmerder sérieusement, Joséphine, c'est ta mère qui avait raison, et d'ailleurs tu ne me ressembles pas tant que ça. » Devant le camouflet, je baisse d'un ton, ce qui semble agréer l'hôtesse d'accueil qui me jetait des regards en coin. Et m'avouant vaincue :

*Jour 4*                                                                95

« Évidemment, c'est la table rase qui m'attend. » Descartes se mêle sans qu'on l'y ait invité à la conversation et m'assure qu'il « n'y a rien de tel pour consolider la prochaine partie de mon existence, en lui donnant un fondement ». J'aime passionnément ses *Méditations métaphysiques*, mais j'avoue qu'en cet instant, ses arguments me laissent dubitative.

Coupant court à cette discussion stérile je jette un œil sur les familles de papier glacé. Un homme blond, une femme blonde, une fille blonde, un garçon blond, et un chien blond, sur fond de verdure, qui vous regardent en riant, et vous accusent de vous être récemment séparée du père de vos enfants, de les avoir fait bruns, et de vous demander chaque jour s'il est temps d'aller voir un pédopsychiatre pour accompagner la crise préadolescente qu'un divorce rend précoce – ils n'ont que neuf et sept ans. Je devine à leur air sain qu'aucun enfant ne dort dans le lit des parents, qu'ils demandent à sortir de table et se lavent les mains en rentrant de l'école. Familles heureuses et néanmoins prévoyantes, voire altruistes puisqu'elles n'oublient pas, entre un pique-nique à la campagne et un formidable goûter d'anniversaire avec location de clown, de promouvoir l'assurance vie, c'est-à-dire la confirmation de la mort prochaine de l'un de leurs membres. À bien regarder la photo, je perçois maintenant le cancer qui mine le foie du papa – raison pour laquelle il a opté pour l'assurance vie –, et l'alcoolisme que le maquillage de la mère n'a pas totalement réussi à masquer. Quant aux enfants, il n'est pas du tout sûr que le père de la photo soit leur géniteur...

Je jette le prospectus, mais un autre attire mon attention : une famille noire, dans la même pose, mais sans chien. Eux aussi, bien que noirs, ont pensé à souscrire une assurance vie : la banque accompagne l'évolution de la société et n'oublie pas de faire leur place aux minorités visibles, qu'elle affuble du même bonheur familial – un bonheur blanc, on aura juste changé la couleur. Puis ils se sont dit, chien ou pas chien ? Non, le chien c'est trop, un soupçon de néocolonialisme et de condescendance, qu'ils soient heureux d'accord, mais qu'ils possèdent un labrador, il ne faut pas exagérer. Après tout, le labrador est devenu, depuis Giscard, l'acolyte officiel des présidents de la République, et si Obama a été élu de l'autre côté de l'Atlantique, l'intégration en France n'a pas encore passé le cap d'affubler une famille de couleur d'un chien présidentiel. Ce sont des questions auxquelles je suis sensible, mes parents m'ayant eux-mêmes offert un labrador pour mes huit ans. Oui, bien qu'aucun membre de ma famille n'ait jamais accédé aux plus hautes fonctions, ils ont accepté (du moins mon père), pour combler une carence affective manifeste, de sortir la bête matin et soir jusqu'à ce que je prenne le relais. Avec Balou j'ai eu l'impression d'être protégée, de toucher du doigt l'Histoire, sans compter que je ramassais ses excréments, ce qui n'est pas le cas de tout le monde.

Je lis la prose associée à l'image, dix minutes déjà que je suis dans ce fauteuil, mais ne peux m'empêcher

*Jour 4*

de penser au chien – un labrador sable, oui le même que le mien, jadis. Je cherche dans les astérisques, les mentions en bas de page grisée, mais rien, aucun compte PEL, Livret A et même assurance vie ne lui est proposé. Publicité mensongère. Si j'étais un peu procédurière, j'entamerais une campagne de presse : une fois la famille décimée, qu'advient-il du chien de la photo ? Livré à la SPA, errant seul dans les rues, sans même l'ombre d'un Livret de développement durable, d'un Plan épargne multi-support, qui rendrait ses vieux jours décents ? C'est trop cruel. Je froisse le prospectus.

Et le voilà, en chair en en os. Mon banquier. Sauf que je ne le reconnais pas. Il faut qu'il m'appelle par mon nom, Joséphine Fayolle, pour que je comprenne enfin son identité. Sur mon front, c'est la repentance qui s'affiche : nous savons tous les deux, sans être obligés de faire de grandes déclarations, que j'ai dépassé mon autorisation de découvert. Et de beaucoup. Je suis en effet venue à lui pour qu'il me tape sur les doigts, qu'il me gronde, qu'il me donne la fessée. Qu'il me signifie mon droit et mon devoir, qu'il trace la limite, qu'il m'annonce combien mon besoin d'être cadrée coûte, qu'il joue le substitut paternel, qu'il me donne des échéances et des espoirs, des règles de conduite, des buts. En échange je suis prête à lui offrir généreusement des agios, à lui et à sa banque qui a ruiné récemment ses petits porteurs. Mais je lui demande : « On fait quoi pour les chiens ? » Il semble surpris. « Les chiens du prospectus, est-ce qu'ils sont couverts, en cas de décès ? » Mon banquier prend la question très au sérieux, mais se voit obligé de faire non de la tête, et de répondre : « On peut trouver une solution. » « Non, je n'en cherche pas, c'est pour le principe, je n'aime pas qu'on mente aux gens. » « Mais vous avez raison madame », dit-il pour me calmer, or le « madame » que me servent déjà mes élèves m'horripile. Mais je ne perds pas de vue que j'ai encore dépassé la ligne rouge, continuant de dépenser plus que je gagne, ce qui mathématiquement mène à la ruine.

La colère remonte : ce petit employé fraîchement sorti de l'école n'y peut peut-être pas grand-chose, il a quand même décidé de servir le grand capital qui va tous nous envoyer sur la paille (oui, j'ai été trotskiste au lycée, ma solution pour draguer les seuls mecs disponibles, c'est-à-dire les moches, les frustrés – vous ne me ferez pas croire que passer sa vie à lire Marx à seize ans n'a rien à voir avec le fait d'être puceau) : bref il est un peu responsable de mon découvert, comme on l'est du choix de sa carrière car tout est politique, n'est-ce pas ? « Nous avons un micro-problème à régler, pas l'économie mondiale », me prévient-il. « Un problème d'autorisation. Vous avez franchi la limite. » « Jouer avec la limite me rappelle que j'existe – même si c'est un banquier qui me la donne, surtout si c'est un banquier », manqué-je lui dire, me ravisant à la dernière minute. J'opte pour l'opportunisme. « J'attends la pension de mon mari. J'ai calculé, s'il me paie son dû, cela couvre largement le découvert... »

Mais mon banquier ignore ma logique post-conjugale et me montre du doigt la dépense sur l'écran de son

*Jour 4*

ordinateur sciemment tourné vers moi, une pointe d'interrogation dans le regard. Cent cinquante euros,
samedi. « Après mon coup de fil, en plus. » Je me sens
obligée de donner un sens à mon geste : « Vous comprenez, c'est audacieux d'acheter des chaussures à ce
prix pour une petite fille d'ancien chef de gare ayant
voté toute sa vie Arlette Laguillier... Une ode à la
liberté, un acte de transgression dément ! Je suis à
moins deux mille et je m'achète des chaussures. »
« C'est justement ce que je cherche à comprendre. »
« Sans compter que je ne les mettrai probablement pas,
mais ça me rassure d'avoir des chaussures alignées le
long du mur de ma chambre. Je les contemple et ça me
fait du bien. C'est mon lingot à moi, il n'a pas besoin de
coffre-fort. » « Sauf que le cours baisse chaque jour... »
clame le salarié, en cachant néanmoins ses Weston sous
le bureau.

Dans un souci d'absolution, je lui lâche : « Vous êtes
un moteur pour moi. Quand l'angoisse s'immisce,
quand je ne sais plus comment faire pour payer le foot
de mes fils, je trouve une idée, une histoire de prince
bègue, je commence à écrire, j'envoie des nouvelles, je
prends les commandes, même si elles sont archi honteuses – ce n'est pas l'heure d'avouer tous mes for-
faits –, je me bouge, et grâce à vous, je produis. Voilà
ma dialectique. Je m'autorise à partir du moment où
vous ne m'autorisez plus. Vous êtes mon déclic, mon
tremplin, la petite claque qui me chasse de vos rêves,
avec vos petites fautes d'orthographe oubliées dans les
mails. Vous êtes mon point d'appui, mon taquet, mon

inspiration. » « Je ne vous en demande pas tant, et pardon, mais ce sont des fautes de frappe, pas d'orthographe... » Sa mauvaise foi me surprend, mais emportée dans ma lancée, je poursuis : « Pardon, je vous demande pardon, pardon de ne pas savoir garder l'argent, de ne pas le faire fructifier, pardon des mails élégamment tournés qui me prennent une demi-journée mais auxquels vous ne comprenez visiblement rien, parce que je me trompe de vocabulaire, et que tout ce qui est produit financier relève pour moi d'une autre langue. » Je suis à deux doigts de fondre en larmes : « ... Pardon pour les fautes d'orthographe, mais quand on écrit "Veuillez m'envoyé l'autorisation signé", il s'agit de syntaxe, le "e" accent aigu est trop loin du "r", autorisation est un mot féminin, vous ne me ferez pas avaler ça ! » Le banquier, rouge, bafouille : « Écoutez madame, je ne suis pas là pour écouter vos justifications (je me demande intérieurement s'il aurait mis un *s*), mais pour régler un découvert qui pourrait vous poser de sérieux problèmes. » « Vous savez que d'autres banques existent, je ne demande pas mieux que d'aller voir ailleurs. » Cet argument semble enfin calmer mon interlocuteur. Je ne voulais pas, vraiment pas faire jouer la concurrence, j'ignorais même avoir cette arme mesquine à disposition.

« Vous savez, je ne suis ni une économe ni une flambeuse, mais juste entre les deux : quelqu'un qui n'arrive pas à se prendre au sérieux, ni à prendre au sérieux l'argent » (je déteste les gens qui commencent

*Jour 4*

leurs phrases par « je suis quelqu'un qui », mon banquier fait ressortir ce qu'il y a de pire en moi). « J'ai toujours été avec des hommes qui ne gagnaient pas leur vie. Enfin le temps que j'étais avec eux, parce qu'avant ou après, ils se sont rattrapés. Sauf une fois, une grande passion, pour un millionnaire. Je ne sais pas si ça a joué dans le désir que j'avais pour sa peau, mais très vite je n'ai pas supporté. Qu'il ait autant d'argent. Qu'il habite un appartement de marchand d'art ou de ministre, que tout soit si simple, si facile, c'est ce que j'aimais et ne supportais pas à la fois et j'ai payé très cher. »

Pourquoi suis-je en train de lui raconter ça ? Je ne lui dois rien, et il se fiche pas mal de ma vie. Mais voilà, elle est un peu entre ses mains. Il est l'autorité et je suis la fautive. À peine entrée dans une banque, les places sont définies, on sait bien de quel côté est le pouvoir, on a très précisément le sentiment de son impuissance, de son infériorité, de l'inanité de sa présence au regard des chiffres qui figurent dans l'ordinateur. Alors on cherche des stratégies pour exister un peu, la meilleure étant certainement à l'opposé de la mienne : revendiquer, batailler, dire non, renverser les forces en présence, protéger son périmètre, remettre de la vie sous un découvert. Mais voilà, sous mon découvert, il n'y a pas de vie, sous mon découvert il y a l'absence et l'ombre, il y a ma naissance, il y a le désamour de ma mère, il y a la faiblesse de mon père, il y a mes seins trop maigres, il y a ma récente séparation, il y a mes enfants tristes.

Je me mets à pleurer sous ce néon blafard qui me fait ressembler à mon cadavre. La chaise n'est pas confortable, il faut voûter le dos pour s'y sentir à l'aise. Le banquier se penche vers le bas de son bureau, il cherche un papier dans son sac, ou peut-être un mouchoir, ne le trouve pas, reste la tête plongée, s'échappe dans ce grand cabas informe, s'y cache. À côté un autre banquier s'active. Le plexiglas qui nous sépare de lui est un symbole inefficace, vu qu'il me voit et m'entend, jette des regards furtifs, l'air de ne pas s'y intéresser.

J'essaie d'échapper à la honte, m'imaginant autre part. Une carte postale sur le bureau vient à mon secours : une plage de sable blanc, une eau transparente, la Méditerranée, ou peut-être le Pacifique, ce qui réveille d'un coup mes derniers souvenirs de vacances en famille. Tous les quatre dans les Calanques, une bouteille de rosé dans une glacière, des brassards pour Gabriel, un masque pour regarder les poissons, les plongeons depuis les rochers qu'on escalade, la beauté parfaite du paysage, de mes fils, de José, et la tristesse de la beauté quand on n'aime plus. Je tourne la tête vers mon banquier, et l'écoute passionnément pour oublier cette image. « Je comprends que vous traversez une passe difficile, madame. Mais cette fois je ne peux plus rien pour vous. Je vous laisse dix jours pour régler le problème, sinon, je serai contraint de vous retirer votre autorisation de découvert. » Je ne suis pas sûre d'avoir bien compris, et reste là, pantoise, le cul cloué au siège, bouche bée. Le banquier impatient se lève, et me tend la main, contrant ainsi une probable attaque verbale de

*Jour 4* 103

ma part. « J'ai un autre rendez-vous. Tenez-moi au courant. » Je n'ai pas rêvé, il m'a fait un clin d'œil.

Une cruelle envie de pisser s'empare alors de moi. Ma vessie cogne dans mon ventre comme les pieds d'un fœtus. C'était cousu de fil blanc, avec les deux litres de thé avalés ce matin. Je ne cède pas à la panique : il y aura bien un café en sortant. Mais il faudra payer une consommation, ce qui paraît contre-indiqué étant donné les circonstances. Quant à Émile Berthot, je ne peux décemment pas entrer dans son bureau en lui demandant où se trouvent les lieux d'aisance – si tant est que j'arrive jusqu'à là-bas sans avoir craqué. Je croise les jambes, m'agite sur cette maudite chaise beige marron rose (assortie à la moquette), tandis que mon banquier semble se demander ce qui se trame. Le plus simple serait de lui demander à lui, mais j'ai le sentiment que ce serait inconvenant : cet endroit a banni le corps, et les seules autorisations valables sont celles d'un découvert.

Ma vessie va exploser. Le banquier s'agite, tousse et me rappelle son prochain rendez-vous. Alors je me lance : « Il y a des toilettes ici ? » « Oui, répond-il gêné, dans le couloir au fond à droite. » Je me lève, croise le regard de son collègue (s'ils n'étaient pas deux, j'aurais pu les confondre), et pénètre dans le saint lieu de la banque. À côté des toilettes, le micro-ondes et la machine à café, du Sopalin et une éponge, l'ensemble parfaitement propre, ce qui est aussi le cas de l'urinoir et du cabinet – mot charmant de désuétude. Le silence est complet, autant dire que tous les bureaux open-space pourront entendre la chasse d'eau. Et pourquoi pas le filet d'urine frappant l'émail avant de rejoindre le fond. On a même l'impression qu'ils font exprès de se taire pour écouter. Je fais des contorsions pour amortir le bruit, ouvre le robinet pour le couvrir, découpe une bonne dizaine de feuilles de papier toilette, juste pour le plaisir de gâcher, ni vu ni connu. Je sors, inspecte les lieux, me regarde dans la glace, perce un point noir qui me laisse une trace rouge sur la joue, cherche si ne traînerait pas par hasard un de ces chocolats volés au restaurant qu'on retrouve souvent près des machines à café, mais il n'y a rien de tout cela. Rien qui déborde, pas même une odeur. J'ouvre les placards, je trouve du sucre, j'en pique quatre, ainsi qu'une petite cuiller, pour la beauté du geste. Je la mets dans la poche arrière de mon jean. Elle dépasse. J'étudie ma tenue pour trouver une planque correcte : la chaussette bien sûr ! Tant pis pour la tasse à café que je m'apprêtais à voler.

Je fais chemin arrière. La petite cuiller me gêne, elle tape sur le petit os dont j'ignore le nom, celui qui fait atrocement mal quand on se cogne sur le rebord du lit. Le banquier lève à peine les yeux sur mon passage, il est déjà avec son autre rendez-vous, il fait comme si, il m'ignore, je n'existe plus – une cliente ne peut être autre chose qu'un découvert sur son compte, la nature n'a pas le droit de cité dans les sous-sols d'une banque. Pourtant son ventre gargouille, je l'entends depuis le couloir, et désormais débarrassée de mon problème de vessie, conquérante, je le fixe des yeux, pour qu'il comprenne que je ne suis pas dupe : ses gargouillis, je les

*Jour 4* 105

ai bien entendus. « Les toilettes sont libres », balancé-
je avant de gagner la sortie. Je sens la chaussette descendre de ma cheville à chaque pas, et le regard hostile
de mon banquier dans mon dos – si la porte s'était
située dix mètres plus loin, j'étais découverte.

À l'instant où je retrouve enfin la vie de la rue, mon
portable vibre. Martin : « J'arrive dans dix minutes ».
Avec une certaine satisfaction, je tape sur les touches
tactiles (oubliant que je m'adresse à un rescapé) :
« Trop tard ! », tout en m'engouffrant dans le métro.
Faire deux choses à la fois est parfois salutaire. L'urgence m'engage à la promptitude, ce qui étant donné
ma prolixité excessive et l'absence de filtre entre ma
pensée et mon écriture – raison de mon succès en littérature jeunesse, et de mon humiliation en littérature
SMS (et l'on pourrait enlever le S) – m'épargne et l'hésitation, et le ridicule.
Me voilà experte en manipulation amoureuse. Reste
à engourdir mes doigts qui pourraient bien continuer
le paragraphe, et rentrer dans des explications, elles
auraient tôt fait d'annuler l'impact de mon « Trop
tard ! ». Une fois assise dans le métro, je lis résolument
Bataille que j'ai emporté pour l'occasion, c'est-à-dire
pour m'éviter de penser au rendez-vous suivant. Certes,
je le cacherai au fond de mon sac en arrivant : il pourrait
être pris comme une invitation à l'érotisme, et je suis
décidée à ne pas installer la conversation sur ce terrain-
là. Je salue la réceptionniste – je la connais depuis plus
longtemps qu'Émile Berthot, ça me donne quelques

points d'avance : cette maison d'édition, c'est chez moi, et je ne compte pas m'en laisser déloger. Je dois néanmoins me faire annoncer à l'accueil, et m'assurer qu'il s'agit bien de l'ancien bureau de Marguerite. Déjà mon avance se perd dans ces petites procédures, et je retrouve la place du demandeur, qui doit montrer patte blanche pour être reconnu par les siens, après de longues années d'absence. La chanson de Reggiani bourdonne dans ma tête – je ne sais pourquoi la musique s'immisce toujours en moi avec insistance comme la BO non autorisée de mon existence : *« C'est moi, c'est l'Italien, est-ce qu'il y a quelqu'un est-ce qu'il y a quelqu'une ?... Ouvre-moi sans rancune... »* Ce qui accentue le pathos de la scène, ou le burlesque, c'est selon. Toujours est-il que je vis dans une comédie musicale permanente, ce qui m'aide à relativiser. Chacun ses méthodes pour passer des entretiens.

L'ascenseur s'arrête au troisième étage, un couloir, puis un autre, troisième porte à gauche, je frappe. C'est une nouvelle secrétaire qui m'invite à patienter quelques minutes, me donnant l'impression d'entrapercevoir le calvaire de Bill Muray dans *Un jour sans fin*. Comme je vais pour m'asseoir en face d'elle, quelque chose tombe par terre : la petite cuiller, j'oubliais ! La secrétaire jette un regard intrigué, puis se détourne brusquement : elle a reconnu en moi l'héroïnomane en manque qui cache son matériel dans ses chaussettes (celles-là ne sont pas trouées, mais qu'en saura-t-elle ?). Je ramasse avec précaution l'objet, cherchant désespérément une justification à sa présence, un usage possible

*Jour 4*

autre que celui d'une toxicomane spécialiste de la littérature jeunesse. Mais vraiment je ne vois pas. À part le surmenage qui me ferait oublier l'emplacement légitime des choses – le travail, les enfants, la fatigue, la séparation et surtout, le banquier, suffiraient à l'expliquer. Dans un ultime sursaut de lucidité je me rappelle l'esclandre précédent, et m'abstiens in extremis. Je me rattrape en lui offrant la petite cuiller, à elle qui prépare plus de cafés qu'à son tour, précisant qu'elle n'est pas usagée.

La porte s'ouvre.

Si je crois que les mots ont un pouvoir sur le réel, il faut bien avouer que mon affabulation « C'est le sosie de George Clooney » n'a eu aucun impact sur le visage d'Émile Berthot. Déception teintée de curiosité, car Émile Berthot a ce qu'on appelle une *gueule*. Pas beau, non, et d'ailleurs sa beauté m'aurait dérangée, je n'aime pas les hommes beaux. Je suis servie. Gros nez, bouche trop large, des yeux gris mais perçants, qui ont l'air de s'amuser – ce doit être de moi, puisque je suis seule face à lui, dans mon costume d'adolescente, le cou recouvert de plaques rouges, et les taches de rousseur brillant comme des signaux de détresse dans une nuit marine. J'ôte le manteau que j'avais gardé dans l'antichambre, occupée que j'étais à ma petite cuiller. Je ne sais où l'accrocher, au moment même où il vient me serrer la main, ce qui crée un instant de gêne, vu que ma main est restée coincée dans la manche, et qu'il me faut bien une minute pour l'en déloger. Cette fois ce ne sont pas ses yeux qui rient, mais bien sa bouche – du

moins sourit-elle, ce qui me rend plus confuse encore.
Je finis par serrer la main qu'il me tend, le bras engoncé
dans la manche, la paume moite mais je n'y peux rien,
et par laisser tomber à terre l'encombrant pardessus, le
poussant sous le bureau avec mes pieds, l'air de ne pas
y toucher. D'un geste il m'invite à m'asseoir. Manque
de chance il y a deux chaises. Mon destin se joue sur
le choix qui se présente à moi, et qui aussitôt m'interdit.
Je récite intérieurement un am-stram-gram rapide qui
tombe sur la chaise droite, la moins confortable, et jette
mon dévolu sur l'autre, n'ayant aucune confiance dans
les décisions que le hasard ou l'inconscient, appelons-
le comme on veut, prend à ma place.

Émile Berthot attend en me regardant gesticuler,
toujours ce sourire (narquois?) sur les lèvres. Mais
avant que la colère ne gronde en moi, il interrompt ce
préambule où l'action prime le dialogue – à mon
détriment – pour me proposer un café. Aussitôt des
images de petites cuillers se mettent à tourbillonner
devant moi, dansant sournoisement la farandole. J'en
oublie de répondre, mais ma tête a dû acquiescer si j'en
juge au coup de téléphone qu'il passe à son assistante
pour lui commander deux cafés. Malgré ma honte,
je prie pour qu'elle se dépêche afin d'occuper mes
mains. Mais la secrétaire prend tout son temps, c'est là
le seul pouvoir qu'elle ait, ce sadisme insidieux que je
reconnais au regard qu'elle me jette en entrant. Je
n'avais pas vu l'ampleur des dégâts : minijupe, talons
aiguilles, et un visage d'ange, des yeux bleus délavés
rivés à son nouveau patron avec une lueur de lubricité

*Jour 4*

et de fausse innocence qui semble le laisser indifférent – c'est qu'il est bon comédien. Évidemment, je ne fais pas le poids. Devant cette mise en scène humiliante, j'en perds mes mots, qui ne se bousculaient déjà pas dans ma bouche. Je plonge dans mon sac, me rappelant soudain que j'ai oublié d'activer le mode vibreur de mon portable, ce que je répare aussitôt. Non que je prévoie être inondée de messages pendant la demi-heure qu'Émile Berthot voudra bien me consacrer, mais il n'est jamais mauvais de le laisser croire. Une fois rétablie sur mon siège, une démangeaison du cuir chevelu accapare ma main gauche. J'en déduis avec une lucidité sur laquelle je n'aurais pas misé en cet instant de grande tension que j'ai des poux, ce qui ne manque pas de logique : j'ai retrouvé mes deux fils dans mon lit au petit matin, leurs têtes collées à la mienne. Je vois se dérouler ma soirée : shampoing collectif, lavage de draps, de couettes et de taies d'oreiller, passage du peigne sur mes enfants réticents et sur moi – j'y trouve un certain plaisir, au point d'utiliser le peigne à poux pour me coiffer chaque matin –, peigne qui visiblement n'a pas d'effet préventif.

Émile Berthot me tire de ma réflexion en me demandant des nouvelles de mon manuscrit. Je ne sais plus, l'espace d'une seconde, où je suis et ce dont il me parle, mais retrouve le fil, osant cette fois le regarder, et déduisant du mouvement de ses lèvres qu'un son en sort, *a priori* pour former une phrase, laquelle est sans doute porteuse de sens, lequel sens finit par arriver à mon esprit récalcitrant, amoureusement adonné au comparatif entre Pouxit et Parapoux. « Mon manuscrit ? » « Oui, vous êtes bien dans quelque chose ? » Cette phrase me semble étrange. Est-ce moi ? Moi et mes poux ? Dans quelque chose ? Mais dans quoi puis-je être, sinon dans une rêverie entomologiste ? Mes alarmes s'affolent. N'y a-t-il pas encore un sous-entendu sexuel, plaçant notre conversation sur le terrain que je voulais éviter depuis mon malheureux SMS ? Je suis dans la panade, dans le sombre, dans la séparation, je suis dans le noir, dans mon appartement vide, dans le verre de vin à sept heures du soir, dans la solitude jusqu'au cou. Oui, j'y suis, en effet. Est-ce bien cela qu'il me demande, avec ses yeux de chien, tombant sur les côtés, et la sollicitation affectueuse de ses lèvres à la moue charmante, certes, mais dangereuse ? Je reste sur mes gardes. « Je suis dans ? » réponds-je innocemment, pour qu'il me confirme l'indéterminé du reste de sa phrase. Ou qu'il le détermine. Mais qu'il se décide enfin. « Dans un nouveau livre ? Je me l'étais entendu dire. »

Décidément, il parle bizarrement cet homme, il s'entend dire des choses, il se parle donc tout seul ? Pour prévenir toute étrangeté trop inquiétante je bondis. « Qui vous l'a dit ? », attendant comme un couperet la réponse : « Mais Mister Hyde bien sûr », et de voir surgir enfin le diabolique en lui, la part obscure et maléfique bataillant contre Jekyll en face de moi. Mais il botte en touche : « Marguerite m'en a touché quelques mots, peut-être s'est-elle aventurée... » Marguerite, la

## Jour 4

traître, je lui avais fait lire quelques pages qu'elle m'a convaincue de garder. « C'est formidable ! » m'a-t-elle dit (mais quelle preuve ai-je de ça ?), « ... Ne le jette pas, continue. » Car Marguerite me connaissait, elle, se trompant sur une seule chose : je ne jette pas, j'abandonne. J'oublie, je change de direction, mais je garde, je pourrais faire un roman de mille pages de mes débuts d'histoires, un roman qui raconterait mon impuissance, et ma peur d'achever, ma peur de clore, ma peur de me séparer. Je quitte avant, mais je garde. J'ouvre un nouveau dossier. Je commence une nouvelle phrase, ouvre un nouveau récit. Formidables oui, mes débuts, mais le milieu, mais la fin ? Je ne peux pas tergiverser. Il me faut ce contrat.

« Oui, bien sûr, j'ai commencé quelque chose » (je reprends son terme, au fond il est exact, ce commencement est quelque chose, je ne sais pas encore quoi, et me jetant au feu) « Ça peut donner un livre intéressant, encore faudrait-il que vous le lisiez » (ce qui pourrait apparaître comme un reproche, mais qui n'appelle qu'un encouragement) « Je n'attends que cela ».

J'observe Émile Berthot, pour y déceler l'ironie, mais il n'y en a pas. « Je peux vous faire lire les premières pages... », m'aventuré-je (je n'ai rien écrit de plus pour l'instant) « Avec plaisir, et même plus » (je n'ai rien d'autre). « Je suis entré dans cette maison essentiellement pour vos textes, je les aime depuis le début. Il y a ici une petite équipe d'écrivains correspondant exactement à l'idée que je me fais de la littérature jeunesse. Grâce à vous je ne quitte pas l'enfance. Grâce à vous, je découvre une autre dimension de l'enfance qui se prolonge à l'âge adulte. »

Là je reste bouche bée. Serait-il en train de me faire des compliments ? Pourquoi ? Je me méfie aussitôt. Le compliment a cet effet sur moi de me rendre sèche et discourtoise. « Très bien. Faites-moi un retour rapide et donnez-moi des échéances, ça ne me déplaît pas d'avoir un cadre. Si on pouvait signer un contrat, pas pour l'argent, bien sûr, mais pour le cadre... » Je faiblis sur la fin de la phrase, car négocier un à-valoir est au-dessus de mes forces, malgré le besoin vital que j'en ai. Je me fais l'impression d'être une voleuse, une usurpatrice, d'arracher à cet homme tout juste rencontré un salaire qui le mettra sur la paille. Je sais bien qu'il n'y perdra pas un sou, mais c'est ainsi, les relations d'argent m'ont toujours mise mal à l'aise. Alors pourquoi l'entre-prends-je aussi abruptement sur ce terrain-là, si ce n'est pour le mettre à distance, me rendre désagréable, et lui faire payer, littéralement, le compliment qu'il m'a envoyé à la gueule, et que je reçois comme une claque ? « Mais bien entendu. Je voulais vous en parler, nous pouvons imaginer une légère augmentation de vos à-valoirs habituels, je l'ai d'ores et déjà négociée avec le directeur financier. Après dix années de coopération, cela me semble juste. »

Qu'essaie-t-il de faire ? De me corrompre ? De m'acheter ? De me diminuer ? Je ne sais comment réagir à cette offre soudaine et inattendue, moi qui venais quémander de rester dans cette collection coûte que coûte – et l'expression ne croit pas si bien dire,

*Jour 4* 113

j'étais même prête à payer pour ça. Prise au dépourvu, je fronce les sourcils, m'agite sur ma chaise : « Je suis prêt à vous écouter, votre prix sera le mien », me dit-il, interprétant mes gestes d'horrible confusion pour un échauffement avant négociation. Proche d'exploser, je tente de perdre l'avantage pour me sentir un peu mieux, et retrouver pied dans cette discussion sans queue ni tête : « Ça m'est égal », lâché-je, espérant obtenir le chiffre de ma valeur. « À vous de décider ce que je vaux. » J'ai conscience de l'horreur de ma phrase. Mais il a l'air de s'en amuser. « Très bien, je vous envoie une proposition écrite, mais en échange, je veux un manuscrit dans six mois, est-ce possible ? » À ce stade de la discussion tout me paraît possible, ou impossible, les deux options se neutralisant. « Je vais essayer », tenté-je de temporiser, un reste de jugeote venant à la rescousse. « Très bien », dit-il, un peu désemparé. Si vous pouviez me tenir informé de votre avancement, et si je peux lire régulièrement le travail en cours, j'en serais ravi ». « Pourquoi ? » Cette fois, il se sent attaqué : « Parce que ça m'intéresse. Maintenant, si vous n'avez pas l'habitude de faire tout lire avant d'avoir fini, je comprendrais. Je n'ai pas pour principe de bousculer les auteurs. »

S'il avait prononcé cette phrase au seuil de notre entretien, j'en aurais été soulagée. La peur d'être bousculée, là sur le bureau et malgré la secrétaire à la poitrine opulente, m'avait tenue sur mes gardes. Maintenant qu'il renonce, je suis prête à tout lui céder. « D'accord, je pourrais vous faire lire au fur et à mesure, mais je

n'ai pas l'habitude, je dois être en confiance pour ça. »
Je songe alors au « biz biz » et voudrais me couvrir la
tête de cendres (moyen sans doute efficace d'éradiquer
les poux). « Je comprends. On ne se connaît pas. Vous
m'aviez semblé moins sauvage dans nos échanges de
SMS, mais cette forme de correspondance est toujours
trompeuse. » Le vil, le lâche, il me ressort ma bévue,
ma honte, ma tache indélébile, mais en même temps
m'offre l'occasion de me justifier. « Je suis désolée de
ce texto, ce n'est pas moi qui l'ai écrit. » Il soulève un
sourcil, m'invitant à développer. Ce que je ne peux
faire, sèche devant la suite à donner au mensonge.
« Dommage. »

Alors je le regarde vraiment, et se libère en moi une
tension que j'ignorais, qui bandait pourtant tous mes
muscles, accaparant ma parole. Dans un film, je me
serais levée et l'aurais embrassé à pleines lèvres, il
m'aurait serrée dans ses bras, et dévoré le corps. Mais
je suis là, immobile, médusée, empêchée dans mes
gestes, mes phrases, clouée sur mon siège gauche (le
droit m'aurait lancée dans l'action, désinhibée, sans
doute est-ce pour cela que j'ai choisi le gauche),
interdite. Effrayée même devant la violence de mon
corps qui se met à trembler. Je dois vite m'échapper.
Mais je suis vissée au fauteuil. Le silence s'abat sur
nous, comme une cloche à fromage. Il le tient, il le
soutient, il n'en a pas peur. Ma voix se fait hésitante.
« Je... je vais y aller... je dois aller chercher mes enfants
à l'école... », dernière parade pour revenir au concret,
mettre entre lui et moi la réalité de mes enfants, de leurs

*Jour 4* 115

devoirs, de leurs poux, de leurs cauchemars, des tartines
du petit déjeuner, du beurre salé à racheter au Super U,
de la cantine à payer, de la machine de linge sale, des
chaussettes trouées à repriser, des compotes à boire
cachées au fond du garde-manger, des brosses à dents
à changer, du rendez-vous à prendre chez le pédiatre,
du carnet de correspondance à signer, de *Harry Potter*
à lire, du baiser du soir à donner sur le front... Les voit-
il défiler comme moi ces images, ces évidences, cette
matière de joie, d'amour, de fatigue, de don, d'absolu,
de culpabilité, de réel, du seul réel affectif qui fait de
moi une personne concrète ?

Il se lève et me tend à nouveau la main. J'hésite à
lui donner la mienne, plus humide que jamais, mais la lui
refuser est impossible. Je la lui abandonne, me rappelant au dernier moment qu'il n'y a rien de pire qu'une
main molle, et lui serre virilement, fléchissant néanmoins au cœur de la poignée et la récupérant, sa sueur
mêlée à la mienne − car oui, la sienne est moite aussi,
ce qui est loin de me dégoûter −, et je me surprends à
la passer sur ma joue une fois la porte passée, qu'il ne
referme pas derrière moi, et je le sens dans l'entrebâil-
lement, attentif et tendu, cherchant peut-être des yeux
son assistante, mais seulement peut-être.

Je ne sais pas comment je rentre. À pied, me semble-
t-il. Le chemin du retour échappe au temps de ma
journée. Je flotte sur les quais de Seine, dans les rues
anarchiques qui me ramènent par un hasard qui n'a pas
le temps de me surprendre dans mon quartier, au parc
Montsouris par lequel je fais un détour, avant de me

rendre compte qu'il est effectivement l'heure d'aller chercher mes enfants à l'école. Je ne pense pas. Je refuse de penser. Quand je me mettrai à penser tout cela n'aura pas existé, je me connais. Être débordée par son corps. J'avais oublié ce que c'était. Bientôt, cela ne sera qu'une idée, un fantasme préparé depuis le premier SMS, une pure construction de mon esprit. Bientôt je remettrai en cause non seulement la façon dont s'est passé l'entretien mais l'entretien lui-même. Bientôt je retrouverai mes repères, les seuls qui me rassurent, mes prisonniers d'en face et mes horaires de mère.

À dix-huit heures, je suis devant l'école. Je vois sortir l'un après l'autre mes fils, et leur tends les bras. Ils s'y blottissent, un peu inquiets de tant de démonstrations, mais pas mécontents d'être ainsi serrés – seulement il ne faudrait pas trop que ça dure. J'ai l'impression de les retrouver après une longue séparation. Ce sont bien mes petits, ceux que j'ai portés dans mon ventre, puis allaités, changés, endormis, embrassés, levés chaque matin avant de me séparer de leur père. Leur chair tendre, leur odeur – soudain je suis bouleversée. Mais Adrien se dégage de mon étreinte en me disant d'un ton de reproche « Maman ! ». Je le laisse retrouver ses copains, gêné, mais le couve d'un regard amoureux, gardant dans mes rets le petit dernier, plus compatissant, qui accepte de se laisser étouffer contre moi. Je les ramène à la maison, m'arrêtant à la boulangerie pour leur acheter chouquettes et pains au chocolat, ils n'osent pas trop m'interroger, de peur de se voir retirer cet inaccoutumé goûter au profit des bananes qui mûrissent sur

*Jour 4* 117

la table et de l'habituelle tartine de beurre. Je leur propose de faire les courses avec moi pour choisir leur repas du soir, et jette dans le Caddie avec allégresse ketchup et frites surgelées, bâtons de surimi et Crunch au chocolat blanc. Le Caddie de la jouissance honteuse, le Caddie de la joie transgressive – j'ajoute même à la caisse un sachet de fraises Tagada et leur en propose une à chacun. « Ce soir on regarde un film sous la couette. Après-demain il n'y a pas école ! », argument moyennement recevable j'en conviens, mais mes garçons sautent de joie, incrédules devant tant de réjouissances. Nous montons les étages en courant, et commençons à préparer le repas tous ensemble, sur fond de « Osez, osez, Joséphine », qu'ils ont mis sur la platine et connaissent par cœur. Je m'en serais passée, étant donné qu'ils ont changé les paroles pour « José José Joséphine », mais ne souhaite pas gâcher leur enthousiasme. Je ferme les rideaux, privant mes prisonniers du spectacle de ma joie qui doit rester intime, non sans leur avoir adressé un salut de la main. Nous mangeons devant *Le Monde de Narnia*, le corps de mes fils s'affaisse peu à peu contre moi, et nous restons en grappe, jusqu'à la fin du film. Je les porte dans leur lit et les borde, leur donne un dernier baiser sur le front, retire le disque de la chaîne hifi, le cache derrière les étagères, et range le salon dans une quiétude dont j'avais oublié la saveur.

Jusqu'à ce que, une fois couchée, je sois en proie à une crise soudaine de démangeaison crânienne. Les poux ! J'ai oublié les poux... Trop tard. Je croise les doigts pour que José ne s'en aperçoive pas – nouveau scandale en perspective, avec pièce à conviction à l'appui cette fois. Cette pensée suffit, combinée à l'activité nocturne intense de mes parasites, à me tenir éveillée jusqu'à l'aube.

# JOUR 5

## *Comment un texto peut changer de sens selon qu'on conduise ou non sur l'autoroute*

« Chère Joséphine, pourrais-tu m'envoyer les enfants en bonne santé ce soir ? Comme tu le sais, respectant ton souhait (tu as pu remarquer comme je désamorce tout conflit qui s'annonce – mais dois-je être seul à faire des efforts ?), je les vois peu. Si c'est pour qu'ils dorment, ce n'est pas la peine. Peux-tu par ailleurs vérifier auprès de la MAIF que tu as bien changé le contrat d'assurance et mis la voiture à mon nom, comme je te l'ai demandé une dizaine de fois déjà ? Je te remercie. José »

La journée s'annonce donc sous les meilleurs auspices, au moins ne me confronte-t-elle pas à la nouveauté. À vrai dire je n'ai pas le temps de m'en préoccuper, il faut faire manger les enfants, surveiller l'habillage, mettre les goûters dans les sacs, vérifier les trousses et les cartables, ajouter des culottes propres pour prévenir la désinvolture du père, brosser les cheveux, prendre une douche en deux minutes – tout est chronométré – descendre les escaliers car l'ascenseur est bloqué au quatrième, et courir avec les garçons pour qu'ils arrivent à l'heure. Une fois ce décathlon achevé, je rentre mollement chez moi, où m'attend une somme de travail – je ne sais par quelle brèche m'immiscer.

Le problème, quand on travaille chez soi, est de décider de s'asseoir à sa table ; puis de décider d'ouvrir son ordinateur ; puis de choisir le document en cours parmi les dix qui attendent et me supplient de les achever comme des petits mendiants tendant la main, le ventre enflé et le visage couvert de gale ; puis de taper la première ligne ; puis de taper la seconde : ça y est, vous n'avez plus le choix, vous vous y êtes mis, vous êtes en train de travailler. Mais personne ne vous sermonne, personne ne regarde sa montre pour vous rappeler à l'ordre, personne ne vous fait pointer, personne ne vérifie votre productivité, personne ne vous félicite non plus, bref tout le monde s'en fout, à part vous, qui êtes votre propre chef et votre propre esclave. Votre solitude est votre espace de travail, mais aussi le lieu d'une gratuité douloureuse, et puis soudain l'évidence vous tombe dessus : vous devez coûte que coûte finir ce conte. Il vous inspire, qui sait si demain il en sera de même. Alors vous en oubliez de manger, de répondre au téléphone, de regarder l'heure. Aujourd'hui vous êtes sauvée ; cela ne garantit rien pour les jours prochains. Vous êtes suspendue à un désir intermittent, sans trop savoir comment le susciter. Il vient... Ou pas. Alors vous enchaînez les cigarettes, vous ouvrez les fenêtres

*Jour 5*

pour ne laisser aucun indice du crime, ce qui vous permet de vous détourner de la tâche.

Assise devant mon ordinateur, je me tiens prête à toute éventualité, guettant le début d'une phrase qui m'entraînerait à la suivante, etc., jusqu'à produire une page. Mais les minutes passent et rien ne vient. Des minutes qui ressemblent à des heures. Et quand on m'appelle pour m'annoncer l'arrivée du lave-vaisselle demain, c'est comme une éclaircie dans ma journée, une main tendue de Dieu. Le réel retrouve ses formes, je reprends pied, tout en m'apercevant que j'ai mangé le bout de la télécommande – c'est qu'une question me taraude, souterraine, de plus en plus obsédante : quand reverrai-je Émile Berthot ? Il suffirait de l'appeler. Cette semaine ? Trop tôt. Dans un mois ? Trop tard. Quel prétexte trouver pour renouer un contact ambigu dont je ne sais plus trop quoi penser ? Passer à la maison d'édition par hasard ? Déjeuner avec mon attachée de presse et amie, la raccompagner au bureau pour boire le café ? Rapprocher le rendez-vous avec le coiffeur, qui se trouve à deux pas, et traîner dans l'espoir qu'il aperçoive ma nouvelle coupe ? Aucune de ces solutions ne me semble adaptée. Je dois renoncer. Et travailler. C'est encore la meilleure manière de le revoir. Et de ne pas le décevoir. Mais comment pourrais-je ne pas le décevoir, au vu de l'enthousiasme, sans doute surfait, qu'il a manifesté hier ?

De fil en aiguille, je me rappelle l'entretien de la veille : le sourire d'Émile Berthot, sa poignée de main moite à la fin alors qu'elle était sèche au début. Ses propos qui n'appelaient aucune ambiguïté, son maintien et son regard qui auraient pu tout aussi bien exprimer l'indifférence que son désir brûlant pour mon corps. Je me repasse chaque mot. « Vous êtes bien dans quelque chose ? », « Avec plaisir, et même plus »... ces phrases tournent en boucle, s'enchevêtrent, créent un nouveau paragraphe. Qu'y a-t-il de plus que le plaisir sinon l'amour ? Certes, il me parlait du nombre de pages. Il voulait en lire plus, oui, bien sûr, plus de pages. Pourquoi les mots seraient-ils tous polysémiques, pourquoi devraient-ils nécessairement cacher des intentions secrètes ? Pourtant il m'a bien dit : « Je suis entré dans cette maison essentiellement pour vos textes, je les aime depuis le début... grâce à vous je ne quitte pas l'enfance. Grâce à vous, je découvre une autre dimension de l'enfance qui se prolonge à l'âge adulte. » Oui, bon, c'est le minimum de la part d'un nouveau directeur de collection. Ça s'appelle draguer les auteurs, et quand je dis auteurs, je ne suis pas assez folle pour ne point faire la différence entre la personne et l'auteur : d'un côté la femme, de l'autre l'auteur. Émile Berthot salue l'auteur, voire le corrompt par un peu de flatterie, et de ce fait méprise la femme. Ou simplement l'ignore. N'importe quel exégète aurait compris ça à la première lecture ! De fait, il a enchaîné sur l'augmentation de mon à-valoir – un marchand ! Voilà ce qu'il est, un marchand. Je ne suis pas même un auteur à ses yeux. Juste un produit, une plume qui peut lui rapporter du fric et de la gloire ! Quel cynisme, mon Dieu, quel cynisme, et je suis assez sotte pour l'écouter, peut-être

*Jour 5*                                                          123

même le croire. Certes, en face de lui je dois moi aussi
défendre mes intérêts : il est directeur de collection, pas
le premier inconnu de *Meetic*. Mais j'oublie toujours la
réalité économique des relations de travail, qui devrait
normalement mettre des distances. « Biz biz », c'est de
la distance ça ? Sans m'en apercevoir j'ai repris la télécommande et en grignote l'autre côté, c'est mou et dur
à la fois, parfait pour les dents. « Parce que ça m'intéresse », m'a-t-il dit, ça m'intéresse de vous lire ! Et moi
qui le remerciais intérieurement de porter un peu d'intérêt à mes bluettes, percluse de reconnaissance pour
une curiosité qui est la base même de son salaire ! « Je
n'ai pas l'habitude de bousculer les auteurs », c'est clair
et net : je ne vous prendrai pas sur mon bureau là tout
de suite, et pas non plus plus tard, parce que je ne vous
vois pas, je vous lis mais ne vous vois pas, je n'ai pas
besoin de vous voir pour vous lire, pour le regard et
pour les mains j'ai ce qu'il me faut, ne vous en
inquiétez pas... et d'ailleurs, je ne peux pas m'intéresser
à des femmes prêtes à s'offrir au premier SMS... »
    Oups ! J'en ai avalé la touche un de la télécommande.
Je fonce droit aux toilettes pour essayer de me faire
vomir, espérant entendre le plouf du un, le voir surgir
de mes entrailles, expulser ce chiffre essentiel pour
former tous les numéros à deux chiffres qu'exigent les
chaînes du câble, mais le sang me monte à la tête, je
m'en étrangle. « Vous m'aviez semblée moins sauvage
dans nos échanges » : moins sauvage... « Une femme
facile, et à la grande limite j'aurais pu oui vous basculer
sur mon bureau, vous bousculer un peu, pour ce que ça

change, vous ne demandiez que ça ! » Ne parvenant pas à régurgiter quoi que ce soit sinon de la salive, je fais fondre dans la bouche le quignon durci de la baguette d'hier – même la souris n'en a plus voulu –, c'est ce qu'on fait pour les arêtes de poisson coincées dans la gorge.

La honte me submerge à nouveau : honte pour ce SMS qui permet à cet inconnu de me traiter avec une telle légèreté, honte de la façon dont il s'est adressé à moi, honte de n'avoir pas su me défendre, su lui dire ce que j'en pensais de son machisme écœurant, de sa superbe suspendue à son slip. Je pourrais lui faire un procès, un procès pour ce « Dommage » qui a conclu à mon mensonge. « Dommage » de quoi gros con ? que je ne sois pas une pute ?

J'atteins un niveau de tension dangereux. Je dois redescendre, et vite. Je me sers une bière, et allume la Wii de mes enfants, celle contre laquelle j'ai tant pesté (après l'avoir néanmoins achetée). Mais je ne parviens qu'à cliquer sur la course à la haie de Mario et Sonic aux jeux Olympiques, n'ayant plus à disposition le menu (corrélé au bouton un), et tout en faisant des sauts de puce pour ne pas toucher les haies, je demande pardon à la Wii, pardon à la télécommande, pardon pardon, mille fois pardon, d'avoir été aussi injuste, alors qu'elles me permettent aujourd'hui partiellement d'évacuer mes tensions, de lever le voile sur mes fictions, tout en faisant du sport d'intérieur, et d'assumer ma vie de femme de trente-huit ans, aux rides sous les yeux, avec onze cheveux blancs, deux merveilleux

*Jour 5*

enfants mais à qui j'ai planté une épée dans le cœur (d'où la Wii), des parents qui m'attendent dimanche soir pour dîner, et une vague ressemblance avec une actrice que mon père a toujours aimée.

Très vague. Charlotte Gainsbourg jouerait-elle seule chez elle, une manette à la main, le bouton « menu » logé au fond de son estomac, devant un écran où sautille un petit bonhomme virtuel et moustachu censé être son avatar ? Je ferais mieux d'aller prendre l'air, de faire du sport. Quelque chose qui me viderait l'esprit et le réactiverait « sainement », si j'en crois mon frère, marathonien à ses heures, et toujours prosélyte quant à ses nombreuses activités, non par générosité et désir de partage, mais pour légitimer le temps et la souffrance qui accompagnent ses entraînements. Mais prendre la liberté de sortir de chez moi quand je dois travailler, même si je n'y arrive pas, ne fait pas partie des choses que je m'autorise à faire.

Certes, il y avait bien une occupation qui pouvait me calmer, et l'emploi de ce passé simple me brise le cœur : c'était de prendre ma voiture et de conduire à fond sur l'autoroute, fenêtres ouvertes, musique plein pot. Mais depuis deux ans, j'ai contracté une « phobie de l'alignement » – autrement dit, je ne peux plus rouler sur l'autoroute, où les voitures et les lignes blanches défilent avec une régularité psychotique –, pour une raison mystérieuse. Enfin, pas si mystérieuse que ça. Un jour, alors que j'étais sur l'A13 avec mes enfants (nous étions invités chez des amis en Normandie), j'ai été prise d'un malaise : des sueurs froides, les membres faibles, l'impression d'une chute. Je roulais alors à cent trente à l'heure, Jim Croce à plein volume, tandis que mes fils me demandaient pour la vingtième fois de mettre *La Danse des couleurs* d'Anne Vanderlove, ou à la limite, *Les Trois Petits Cochons*, la route était chargée, José n'était pas là (mais quand était-il là au fait ?), j'ai juste eu le temps de me rabattre sur la bande d'arrêt d'urgence centrale. Nous sommes restés tous les trois immobiles : le chiffre des « sept minutes d'espérance de vie » tournait dans mon esprit sans que je puisse me rappeler où je l'avais appris et sans aucune envie de vérifier s'il s'agissait juste d'une légende urbaine. Je ne pouvais plus reprendre le volant, les voitures nous frôlaient, faisant trembler la nôtre à chaque passage. Jim Croce chantait toujours, mais je ne l'entendais plus. Je n'entendais plus non plus mes enfants, et me suis retournée dans un réflexe. Quand j'ai vu la peur clouer Adrien et Gabriel sur leur siège, je suis sortie, les ai extraits par la portière, hissés sur le terre-plein qui sépare les deux sens de circulation de l'autoroute protégé par des barrières en béton. Puis nous avons joué à pigeon vole en attendant que je retrouve l'équilibre et une solution. J'ai raconté une histoire aux enfants, celle du manchot manchot qu'ils connaissent par cœur, mais je lui ai inventé une suite. Malgré mon inspiration en verve que j'aurai pu mettre à profit, m'enregistrant par exemple avec le iPhone qui aurait inexorablement capté un trafic plus dense que ma voix, je me suis éloignée d'eux pour appeler José : « J'ai eu un malaise, on est sur la bande d'arrêt d'urgence, je ne

*Jour 5* 127

sais pas quoi faire. » José s'est mis en colère : « Je t'avais dit de ne pas prendre la voiture ! On s'est couchés à trois heures du matin Joséphine ! T'as tellement peur de tes copains que t'es pas capable d'annuler ? Je rentre pas dans ta culpabilité... tu me fais chier, ça me fait chier d'avoir toujours raison... » Prenant alors sur moi – car j'espérais au fond qu'il était déjà en train d'enfiler son jean et ses baskets – « José je sais, c'est de ma faute, mais il y a les enfants là... s'il te plaît, je fais quoi ? J'ai peur ! », « Les enfants ! Tu prends en otage les enfants et maintenant faudrait que je te tire de la merde dans laquelle tu les as mis ! Alors tu sais quoi, tu vas apprendre à devenir une grande personne : débrouille-toi, et laisse-moi dormir. »

« Débrouille-toi. » « Laisse-moi dormir. » La veille nous avions fêté l'anniversaire d'un de ses amis, Mattéo, et bu beaucoup d'alcool – ce qui, chez José, n'était pas circonstanciel –, raison pour laquelle, au petit matin, l'œil à moitié ouvert, il avait renoncé à venir. Du moins avais-je dû le déduire de ses borborygmes avant qu'il enfouisse sa tête sous l'oreiller pour ne plus entendre une quelconque sollicitation. J'avais néanmoins bataillé, en le secouant, ce à quoi il avait répondu par une sorte de coup de pied entravé par la couette, et soulevant l'oreiller de son visage, il avait cette fois distinctement articulé : « C'est samedi putain ! on peut pas pour une fois essayer de se RE-PO-SER ! Appelle et annule. » Mais moi, j'avais promis aux enfants cette petite virée, et malgré la fatigue, j'étais décidée à m'exécuter, *pour* eux, *contre* José, contre mon corps fragilisé, au nom de *ma* décision, au nom de *ma* promesse. J'ai raccroché, ne souhaitant pas en entendre davantage, mais dessillée par la situation tout à fait symptomatique de l'état de notre famille : les enfants et moi, au milieu d'une autoroute à double sens, et José qui dort. Allez vous débarrasser d'une telle image.

Ce jour-là, j'ai ordonné aux garçons de s'asseoir dans l'herbe sans bouger d'un pouce, marché jusqu'au poste jaune et blanc de la borne SOS et ai appuyé sans discontinuer. Une voix a fini par me répondre. « Je suis en panne, ai-je dit calmement pour faire court, et mettre toutes les chances de mon côté. Dépêchez-vous, j'ai deux enfants. » Mais une partie de moi était restée là-bas, seule au beau milieu de cette autoroute, abandonnée par mon mari, protégeant les enfants comme je pouvais, incapable de reprendre le volant.

Au bout de trois quarts d'heure, la dépanneuse est arrivée. J'ai parlementé avec le dépanneur, lui ai expliqué, devant l'évidence d'une voiture en parfait fonctionnement, que j'ai eu un malaise. Il m'a regardée, suspicieux, « Vous êtes sûre de ne pas avoir oublié de faire le plein ? » Je lui ai juré sur ma tête : « J'ai des enfants monsieur, je ne m'amuse pas à tomber en panne sèche sur le bord de l'autoroute la plus meurtrière de France. » Il a semblé embêté : « Je ne m'occupe que des voitures en panne moi, je fais pas SAMU », puis finalement a procédé sans plus broncher à la levée de la voiture, puis à son installation à l'arrière du camion. Nous regardions, fascinés. Mes fils étaient assez fiers

*Jour 5*

de vivre cette aventure, et je leur ai emboîté le pas, m'extasiant de chaque détail, notamment de la hauteur du camion dans lequel nous nous sommes installés – nous surplombions du regard les autres voitures, dont la nôtre, harnachée et solitaire, roulant sans conducteur. Je serrais mes enfants contre moi, je n'avais pas encore trouvé la solution pour repartir du centre de dépannage. Celui-ci se trouvait à la sortie d'un village esseulé au nom inconnu qui ressemblait plus à une succession d'entrepôts qu'à un lieu de vie. « Il y a un café par ici ? » « Oui, mais il faut prendre la voiture. » Le dépanneur, devenu notre sauveteur, a réglé mon problème auprès de l'assurance. Mais nous étions bloqués, je ne me décidais pas à choisir la victime de notre sauvetage en zone industrielle – et je tiens à dire qu'une zone industrielle est plus flippante qu'un océan déchaîné. J'ai demandé à notre dépanneur-héros, dont j'ai pris les coordonnées – on ne sait jamais – une carte de France et ai étudié l'itinéraire en départementale pour arriver chez nos amis. J'ai cette fierté des femmes combattantes, qui aiment à régler leurs problèmes seules, quitte à mettre en danger la vie d'une famille entière – moins le père ! Si la famille est décimée, il y en a un qui sera puni...

Après une étude minutieuse, je tranchai : je reprendrai le volant, et suivrai un parcours présenté avec enthousiasme comme champêtre et touristique à mes enfants : deux cents kilomètres de départementale, virages et mal de cœur assurés, mais enfin, il fallait bien quitter cet endroit. J'ai expliqué au dépanneur : en roulant à trente à l'heure, je pouvais arriver à conduire, à condition de ne pas mettre une roue sur une autoroute. Il nous a laissés partir, un peu déconcerté. J'ai glissé le CD d'Anne Vanderlove dans l'autoradio, et nous avons repris la route en chantant à tue-tête. Huit heures plus tard, et à l'aide de l'intégrale des Doors, nous sommes arrivés à Dieppe – juste pour le dessert. Mes enfants dormaient depuis déjà trois heures à l'arrière de la voiture. José avait laissé trois messages, auxquels je ne répondis pas. Un simple SMS, « Nous sommes bien arrivés », sans préciser l'heure. J'ai raconté à mes amis mon malaise. Ils s'interrogèrent avec moi : un problème d'oreille interne ? Une chute de tension ? Un malaise vagal ? J'espérais avec eux qu'il s'agissait bien d'un dérèglement organique qu'un simple médicament rétablirait. Mais je savais intérieurement que ma pathologie, c'était l'autoroute : aucune échappatoire, le défilé des voitures, la servitude de la ligne droite, l'enfermement et l'obligation de continuer, l'interdiction de s'arrêter, de se mettre sur le bas-côté, de poser le pied à terre, de vérifier la réalité du corps, du paysage. Une pathologie du concret et de l'enfermement, que mon médecin nommerait plus tard la « phobie de l'alignement ». Et je dois avouer que cette phobie subite ne m'arrange pas outre mesure, à l'heure où je suis condamnée à emmener seule mes enfants en vacances. J'étais une bonne conductrice, j'aimais la vitesse, j'aimais la voiture, j'aimais les grandes transhumances, j'aimais l'indépendance. Le sort s'acharne. Mon corps s'est mis du côté de José, c'est-à-dire de la défaite, je n'ai aucun moyen de lui faire entendre raison.

*Jour 5*

Voilà pourquoi j'ai laissé *ma* voiture à *mon* ex-mari. Tout en continuant à vérifier pour lui le niveau du liquide, la pression des pneus et l'échéance du contrôle technique. Et maintenant je dois m'occuper d'appeler l'assurance pour mettre *ma* voiture à *son* nom. Tout en continuant à la payer, cela va sans dire. Je suis tentée de lui envoyer un message, pour lui faire un compte rendu psycho-médical de sa personnalité. Mais je me retiens, devenue plus prudente quant à mes impulsions.

Manque de chance, c'est justement lui qui m'appelle. Décrocher est à cet instant dangereux, je ne réponds plus de moi. Je décide de ne pas bouger : je décide de couper. De rompre. Mais ne l'ai-je pas déjà décidé ? Il faut croire qu'il n'a pas entendu. Il se sent seul, peut-être. Ou il n'a pas compris. Il refuse. Patiemment, silencieusement. Il refuse. Et il m'emmène dans son refus. Que fait-on face à un homme qui refuse que vous le quittiez, tout en l'acceptant aux yeux du monde, en vivant seul ou avec des poupées de passage, en sortant avec des amis de son côté, en changeant d'adresse ? Mais en vous téléphonant tous les jours, en vous envoyant des mails *à propos* des enfants, mais où les enfants n'existent pas ? En vous disant qu'il ne vous oublie pas, quand il ne vous envoie pas de piques ? Qu'il vous passe vos caprices, qu'il est heureux, attention, d'être séparé, d'être loin, que ça l'arrange, que c'est ce qu'il voulait. Mettant à vous le répéter une obstination telle que vous finissez par en douter.

J'écoute son message : « Oui c'est moi (moi ?), ton ex-futur-mari (le ton est à l'ironie, mais l'ironie est sinistre), je ne comprends pas pourquoi tu es si désagréable ? Tu pourrais au moins faire l'effort devant tes enfants de te montrer joyeuse. On n'est pas des ennemis. Je t'ai envoyé un mail à propos de l'assurance, tu pourrais me répondre. Il n'y a pas si longtemps on était une famille... J'ai plus vu tes parents en quatorze ans que ma mère (c'est normal elle vit au fin fond du Portugal et il était fâché avec elle, ce que notre « rupture » a vite fait de réparer). Ça fait trois fois que j'appelle mais comme d'habitude tu ne réponds pas (il m'arrive en effet de faire parfois autre chose qu'attendre son coup de téléphone). Le jour où Gabriel se cassera la jambe (pourquoi Gabriel, et est-il vraiment sûr qu'il se casse un jour la jambe ?), tu seras encore la dernière avertie (c'est sûr que s'il se casse la jambe, ça sera avec lui, parce que si c'est à l'école, ils n'ont que mon numéro). Mais bon apparemment tes enfants tu t'en fous (Gabriel n'a pas la jambe cassée, si ? En revanche quand il était aux urgences pour une douleur abdominale, puis pour une bronchiolite aiguë, je ne me souviens pas d'avoir réussi à le joindre, alors que nous étions censés être encore *ensemble*), vu l'heure à laquelle tu les couches. Enfin je ne critique pas, je sais que tu es une bonne mère, même si quand t'es dans tes animaux plus rien n'existe (une douceur puis une saloperie). J'espère que t'as arrêté de fumer et de boire (juste une saloperie), parce que moi je ne touche plus à rien (mon œil – et on ne parle plus ni de cigarette ni d'alcool). En tout cas je vais super bien (ah bon, pourquoi tu appelles trois fois par jour alors ?). J'ai eu

*Jour 5*                                                          133

ta mère au téléphone pour prendre des nouvelles (c'est bien la première fois, mais qui a appelé en premier ?), et vraiment, elle s'inquiète (c'est aussi la première fois, mais si elle s'inquiète de moi auprès de mon ex-mari, c'est donc qu'elle ne s'inquiète pas)... » Le répondeur lui a coupé la parole, ses messages sont toujours trop longs, raison pour laquelle il y en a deux, trois, et puis quatre, pour résumer le propos précédent, et l'allonger de ce fait.

Je m'aperçois qu'il n'a rien dit sur l'heure à laquelle il ramènera les enfants demain. C'est pourtant la seule information qui m'importe. Anne et Irina viennent dîner, je leur ai promis de faire mon risotto. Si José ramène les enfants à six heures, je n'aurai pas le temps de faire les courses. Demain ma matinée est bloquée par la livraison du lave-vaisselle et l'après-midi est prise par mon cours à la fac. Je retourne les choses dans tous les sens. Appeler serait la solution la plus simple, mais c'est exactement ce qu'il attend. Faire comme si de rien n'était, c'est attendre toute la journée dans l'incertitude, et me retrouver à huit heures du soir le frigidaire vide. J'ai encore le temps de décider, il est fort possible qu'il me rappelle une dizaine de fois ce soir, auquel cas je finirai par répondre. Mais il est aussi fort possible qu'il n'en fasse rien. Une chose est sûre : si je lui demande à quelle heure il compte ramener les enfants afin que je puisse préparer un risotto aux cèpes pour Anne et Irina, il se fera un point d'honneur de venir le plus tard possible. Alors ? Annuler mon dîner avec mes amies, pour n'avoir rien à lui demander ?

Anne ne me laissera pas faire : « Tu ne vas pas encore te sacrifier ! Prends un juge, trouve un cadre, arrête de négocier chaque heure avec lui », et de l'autre côté : « T'es bien agressive, tu as vu Anne c'est ça ? Elle te monte la tête. Tu la préfères à la paix familiale ? C'est elle qui t'a mis cette idée en tête de nous séparer ? T'es devenue son caniche ? Elle est pas un peu lesbienne ? De toute façon elle n'aime pas les Portugais. Ça te fait rien d'avoir une amie qui n'aime pas les Portugais ? Tes enfants le sont à moitié, je te rappelle. Je suis pas assez intello pour elle ? Je pue la morue ? Qu'elle aille se faire foutre. C'est ta putain de chienne de garde, et si tu la prends comme conseillère matrimoniale, je te préviens ça sera la guerre. »

Voilà pourquoi je ne vais pas devant le juge. La justice peut-elle enfermer mon ex-mari et ma mère, tous les deux dans la même cellule s'ils le souhaitent, et les verrouiller jusqu'au jour où j'aurai rencontré l'homme qui en me délivrant les délivrera, allongera quatre gifles à ma mère dès qu'elle formulera le début d'un reproche, et un coup de tête sur le nez déjà busqué du père de mes enfants, lui cassant trois dents et lui coupant la langue au cas où lui reprendrait l'envie de me téléphoner ? Non.

Mais moi je peux. Je dois avancer sur mon livre. Je dois revoir Émile Berthot.

J'écris quinze pages d'une traite. L'histoire est là, le ton, les personnages, je n'ai plus qu'à la laisser se dérouler. En deux semaines je peux rendre une première version, à condition d'être ainsi visitée chaque soir par

*Jour 5*  135

l'inspiration. Entre-temps il ne faut pas que la paix
s'installe. La lutte intestine me tient lieu de désir, j'écris
*contre*, mais qu'importe, du moment que j'écris.

Il est une heure du matin, j'ai fumé sept cigarettes,
les fenêtres ouvertes, mes pieds sont gelés et mes doigts
gourds. Je sais que c'est l'heure dangereuse pour envoyer
des textos, mais j'hésite quand même à écrire à José
quelques mots, secs et directs : « À quelle heure demain
les enfants ? » Oubliée la syntaxe, elle crée du lien. Sauf
que s'il le lit demain en se réveillant, il peut y avoir
malentendu. J'enlève le « demain ». « À quelle heure
les enfants ? » Mais s'il est éveillé et reçoit le message,
qu'ira-t-il imaginer ? Que je suis saoule à en perdre mes
verbes ? Que je suis insomniaque parce que son corps
me manque ? Et je suis bonne pour un dialogue épistolaire dont nul ne peut prévoir la fin, sauf moi peut-être,
si j'éteins mon portable. Saurai-je éteindre mon téléphone si j'attends sa réponse, sachant qu'elle peut
arriver à toute heure ? D'un côté je serai fixée, d'un
autre... peut-être pas.

Voulant rester sur la joie d'avoir réussi à écrire, je
m'abstiens, et décide qu'exceptionnellement, je deman-
derai à Aïcha (elle vient normalement les chercher le
jeudi à l'école) de venir attendre les enfants à la maison,
au cas où ils arriveraient avant moi.

Une fois cette question réglée, je prends mon ordinateur dans mon lit, m'allonge sur le ventre, un Alka-
Seltzer sur la table de nuit, une cigarette au bec, et écris
à nouveau quinze pages d'affilée, dans un état de semi-
conscience. Je ne sais pas à quelle heure exactement

je finis par littéralement tomber de sommeil, la tête sur le clavier de mon ordinateur. Une légère angoisse accompagne mes rêves moyennement agréables : mon psychanalyste me traite de pauvre fille, je lui saute dessus pour lui arracher une oreille, mais finalement lui tire les cheveux, il ne peut s'arrêter de rire.

Encore un rêve que je ne pourrai pas lui raconter.

# JOUR 6

*De la neige en mars
et un lave-vaisselle sans porte
sont-ils des signes ? Et si oui, de quoi ?*

Cinq heures quarante-cinq. Réveil difficile : les touches du clavier se sont incrustées dans ma joue, j'ai le nez dans le cendrier. Mais avant même d'allumer la lumière, je relance mon ordinateur et relis d'une traite mes trente pages. Je coupe, réécris, et me trouve plutôt satisfaite du résultat – du moins le jugé-je potentiellement lisible par Émile Berthot, une fois mes réserves accumulées en préambule : « C'est une chose vite faite, un début absolument pas relu, une idée, mais on peut tout changer, un premier jet, un texte vraiment pas formidable, enfin, c'est juste pour vous montrer la direction. » Pour autant, accablée par la fatigue tenue à distance dans cet élan vital, je remets à plus tard l'envoi, que je juge prématuré.

Impossible pour l'heure de me mettre à mes copies. La tête trop pleine. Je passe un coup de téléphone à mes parents : à sept heures, ma mère dort normalement, je suis donc presque certaine de tomber sur mon père.

« Papa, ça va ? » Au ton de sa voix, je sais qu'il est seul, relâché, drôle, et sincère. « Ça pourrait aller mieux si j'avais dix ans de moins. » « Tu prépares ton anniversaire ? » « Oh ! Ça, ta mère s'en charge. » « Ne me dis pas qu'elle va faire son poulet à l'estragon... » « J'ai bien peur que si... » « Pourquoi tu ne lui dis pas que tu n'aimes pas ça ? » « J'aurais dû lui dire tout de suite, maintenant c'est trop tard, ça lui ferait de la peine. » « Et tu préfères te forcer à manger un truc que tu n'as jamais aimé plutôt que lui faire de la peine ? » (Lui disant cela, je m'adresse aussi à moi-même, nous avons en commun avec mon père une pudeur que d'aucuns nommeraient lâcheté.) « Tu sais, ce n'est pas la peine d'envenimer la situation. Ça m'est égal de toute façon le poulet ou le bœuf. (Je n'en crois pas un mot, mon père fut gourmet à ses heures, avant de se ranger aux recettes efficaces et m'as-tu vu que ma mère met plus de temps à commenter qu'à préparer.) « Tu n'as pas besoin d'argent ma chérie ? » « ... » « Si tu as besoin, tu me dis, j'ai quelques billes sous le matelas qui ont échappé à la vigilance de ta mère. Antoine n'en a pas besoin, ils sont pour toi. » « Non papa. Garde tes économies pour te faire plaisir. » « Oh, tu sais, ça me fait plaisir de te les donner à toi, tu en feras meilleur usage. » Nous rions tous les deux, conscients de l'absurdité de la phrase. Mon père connaît mes comptes en banque, je lui en passe quelques copies quand il me demande où j'en suis. Et je lui fais confiance pour ne pas les éplucher en détail – même si je ne risque pas grand-chose, puisqu'il doit prendre les marques de mes

*Jour 6*

chaussures pour des ateliers créatifs pour enfants. Il m'a toujours aidée, discrètement, c'est notre pacte à nous, notre résistance passive, et au fond, il préfère que je dépense mon argent pour tout ce qui n'est pas de première nécessité, laissant la nécessité dans le rouge, ayant lui-même été castré dans son désir de superflu. « Alors tu l'as signé ce contrat ? » « Presque. Le nouveau directeur de collection aime ce que je fais, en tout cas il me l'a dit, et pour le moment je n'ai pas de raison de ne pas le croire. Ça sera autre chose quand je lui enverrai mon prochain manuscrit. » « Alors envoie-le-lui vite, je suis sûr qu'il va aimer. Comme ça je viendrai à Limoges pour le Salon du livre. » L'ami d'enfance de mon père habite à Limoges avec sa femme qui fut aussi la première petite amie de Régis − aussi ma mère refuse-t-elle de s'y rendre. Nos petites virées tous les deux au Salon du livre sont pour lui des échappées heureuses, et je redécouvre à chaque fois l'homme qu'a été mon père lorsqu'il est loin de l'univers familier. Mais Limoges, c'est dans six mois. Impossible d'être prête d'ici là. La fabrication d'un livre dure trois mois, et l'écriture... dépend de moi. « Je vais essayer papa, mais ça me paraît difficile. » « Dommage, c'est pas grave. La prochaine fois. » Mais son renoncement immédiat me révolte « Si c'est grave, la prochaine fois c'est dans trop longtemps. Je te promets qu'on va y aller cette année. » La seule idée de rendre furieuse ma mère, laquelle ne pourra refuser de garder mes enfants − pour ma carrière c'est important − et de voir mon père commander les plats les plus gras et les plus chers au restaurant gastronomique me remplit de joie. À peine ai-je raccroché, que je reviens sur ma décision d'indéfiniment différer l'envoi de mon texte. Je commence la rédaction du préambule, concluant néanmoins avec quelque fermeté : « Je souhaiterais sortir le livre d'ici deux mois pour signer à Limoges. Je l'ai promis à mes lecteurs. Je sais qu'il y a du travail, mais je suis prête à m'y consacrer entièrement. Tenez-moi au courant au plus vite », économisant une quelconque formule de politesse dont je sais qu'elle serait susceptible de remettre en cause notre périple limousin. J'envoie.

Alors commence l'attente, cruelle et obstinée, de son retour. Mon après-midi de cours va s'en trouver affectée, étant donné la crise de panique dont je reconnais les prémices. Qui commence par l'envie de plonger sous ma couette et de m'endormir à jamais. Ce que je fais, cinq minutes. Si seulement cette journée pouvait ne pas commencer. Si seulement je pouvais tomber malade. Si seulement je pouvais ne pas aller donner mon cours.

Quand je me lève enfin et ouvre les rideaux, la neige tombe par rafales. Nous sommes pourtant en mars. Ma première pensée va à la joie de mes fils, le nez collé à la vitre là-bas chez leur père, observant la rue au ralenti, les rares voitures qui roulent au pas, les passants emmitouflés, taches de couleur sur fond blanc, et déjà quelques enfants qui lancent des boules de neige dans cet hiver ressuscité. Ma deuxième pensée va à mon lave-vaisselle, qui va sans doute arriver en retard. Ma

*Jour 6*                                                                    141

troisième va à mon cours de cette après-midi, et au trajet
qui y mène. La ligne 13, ordinairement endommagée,
ne peut qu'être défaite par un événement aussi trauma-
tique : le flocon est aux rails de la ligne Châtillon-Saint-
Denis-Université ce que la bombe était au Londres de
1940, un Blitz. Un vague espoir s'éveille : arriverai-je
jamais à destination ? Et si oui avec combien de retard ?
Et si non, pourquoi même essayer d'y aller ? J'allume
la radio pour en avoir la conscience nette. France Info
aime à narrer les épisodes météorologiques, reléguant
au second plan la guerre qui s'éternise en Syrie et dont
ils ne savent plus quoi dire, les pauvres – il faut dire
que ce n'est pas très moderne de ne pas terminer une
guerre en trois jours. En attendant, France Info prodigue
des conseils pratiques, ce qui fait taire instantanément
mon ricanement de gauchiste bien-pensante (ainsi que le
formule ma mère), car oui, je préfère à cet instant savoir
si je peux ou non prendre le métro que de connaître la
situation exacte des rebelles dans la ville de Oms. J'en
demande pardon à Kant, et me concentre. Mais l'information est tronquée et laisse ouverte l'interprétation :
de nombreux bus sont à l'arrêt, les autoroutes A13 et
A7 sont fermées à la circulation, ce qui me fait une
belle jambe (encore pardon pour tous ceux dont l'axe
Rouen-Paris est vital), une bonne partie de la Normandie n'a plus d'électricité (ça tombe bien je ne
comptais pas aller à Trouville manger un plateau de
fruits de mer ce week-end), les transports paralysés dans
une large moitié nord de la France (soyez plus précis !
Saint-Denis, c'est au nord ! Ou pas assez ?), les lignes 6

et 2 sont quasiment à l'arrêt (je n'y avais pas pensé, obsédée que j'étais par la 13, mais je dois prendre aussi la 6 ! Or elle est aérienne la plupart du trajet, l'aventure se corse donc), la ligne 13 est perturbée : sans blague ! Mais ce n'est pas une information ça ! C'est une réalité quotidienne, il était temps qu'ils le soulignent. Comment vais-je faire la part des choses entre une perturbation quotidienne et une perturbation exceptionnelle ? Pourquoi me met-on ainsi à l'épreuve, moi qui ai encore hésité ce matin à manger du pain ou des biscottes (certains n'ont pas ce choix – c'est drôle comme la voix de ma mère se substitue régulièrement à celle de Kant) ? Ce qui me ramène à mes cours, et aux dernières copies que je n'ai pas corrigées.

Ça tombe bien. Corriger des copies, n'est-ce pas l'occupation idéale quand on attend un livreur qui doit passer entre sept heures trente du matin et treize heures trente ? Car il va de soi que les gens ne travaillent pas dans cette tranche horaire – qu'on ne devrait d'ailleurs plus appeler tranche horaire, mais moitié de la journée. Poser ses RTT pour recevoir un lave-vaisselle soldé rend le concept du temps libre passablement triste, c'est ce que j'ai formulé sur le site C-Discount, dans la case attribuée aux consommateurs en colère, sans préciser que je n'avais pour ma part rien annulé en ce mercredi matin, ni posé quoi que ce soit, sinon le énième verre sale dans le lavabo – à quoi bon faire la vaisselle puisque le salut est imminent ? Personne ne m'a répondu, mais j'ai toute la matinée pour harceler le site anonyme qui dissimule une armée de lâches. « Bonjour,

*Jour 6*                                                         143

je suis actuellement sous traitement, il m'est absolument interdit de rester seule chez moi suite à mes
quatre tentatives avortées de suicide. Me voilà pourtant
en train d'attendre depuis maintenant une heure un lave-
vaisselle dont personne ne peut m'assurer qu'il arrivera
effectivement aujourd'hui. Trouvez-vous judicieux de
laisser les gens avec eux-mêmes, dans une attente
inutile, car soyez-en sûrs, ils ne peuvent rien faire
d'autre qu'attendre ? », « S'il m'arrive quoi que ce soit,
je vous en tiens responsable », « Quelqu'un peut-il me
dire si mon lave-vaisselle est parti ? », « Pourriez-vous
me préciser une heure d'arrivée ? », « Je crois que je
vais annuler la transaction », « Hier les bouchons,
aujourd'hui la neige, qu'allez-vous inventer pour
demain ? », « Croyez-vous que mon patron voie d'un
très bon œil que je fasse capoter la réunion interna-
tionale de ce matin parce que j'attends un lave-vaisselle ? » Toujours pas de réaction. Ce qui m'amusait
commence à devenir une obsession : je veux qu'ils me
répondent. « J'ai un enfant malade, qui réclame des
soins, figurez-vous que je ne peux même pas descendre
à la pharmacie de peur de rater ma livraison. Car bien
sûr, celle-ci ne me sera pas remboursée. Faut-il attendre
qu'il convulse pour arracher de vous une once d'humanité ? », « Bonjour, je suis Présidente de l'association des consommateurs et j'ai de ce fait un certain
poids politique. Tenez-vous à... »

Mais j'entends des pas lourds dans l'escalier. Un
souffle court, quelques phrases coupées. J'entends les
muscles et l'effort. J'achève mon message, mais le cœur

n'y est plus « ... votre site ? » Je cours vers la porte, le cœur battant, ouvre : ils sont au premier, et pas prêts d'arriver jusqu'ici. J'avoue que l'escalier est étroit, l'ascenseur trop petit pour un lave-vaisselle, à moins qu'il ne voyage tout seul. Je crie : « Vous voulez un coup de main ? » pour paraître agréable. Un « non » étouffé me répond. Comment m'excuser d'habiter au troisième étage ? Je prépare du café pour tout le monde, sors des petits biscuits, que ce moment soit agréable, pour nous tous.

Ils arrivent enfin, dégoulinants de sueur : deux Pakistanais, à qui je tends le plateau. Un café ? Ils se regardent, en s'essuyant : « On est un peu pressés madame, vous pourriez déballer pour voir si la marchandise est en état, et signer sur ce bordereau ? » « Oui bien sûr », dis-je de ma voix la plus douce, « Mais prenez un café quand même ». Ils s'exécutent, raides, les yeux vitreux. Je vais chercher un couteau pour couper les lanières en plastique, et déchire le carton. « Vous auriez pas dû madame, si jamais y a un problème, on peut pas vous le reprendre, l'emballage doit être intact. » Je m'arrête, les observe : « Comment l'emballage peut-il être intact si j'ouvre le paquet ? » Ils n'ont pas l'air d'avoir réfléchi à la question, sans doute est-ce ma manière brutale de déchirer le carton, libérant ma colère et mon impatience, qui les a heurtés. Le plus grand hausse les épaules. Je m'y remets plus délicatement et découvre l'objet dans sa nudité. Quand je dis nudité, ce n'est pas une métaphore : le lave-vaisselle n'a pas de porte. Je les interroge d'un regard accusateur.

*Jour 6*

« Vous pouvez m'expliquer ? » « Quoi madame ? » « La porte. Elle est où ? » Ils regardent l'objet : « On ne sait pas madame, c'est ce que vous avez commandé. » « Vous croyez que j'ai commandé un lave-vaisselle sans porte ? Vous pouvez m'expliquer pourquoi j'aurais fait ça ? » « On n'en sait rien madame, nous on livre, c'est tout. Il faut vous adresser au service après-vente. Vous pouvez signer s'il vous plaît ? » Ardemment désireuse de me remettre devant mon ordinateur pour lancer une nouvelle salve, plus perfide encore, d'injures à C-Discount, et par conséquent de les voir partir sur-le-champ, je signe tout ce qu'ils veulent : j'ai bien conscience que c'est un peu précipité, mais ai-je vraiment envie de prendre le risque qu'ils reprennent mon bien, lequel est peut-être sans porte, mais semble néanmoins fonctionner ? Ai-je vraiment envie de réitérer une matinée d'attente, pour un résultat incertain ?

Je trouverai toujours une solution : faire fabriquer une porte, ou en trouver une sur Le bon coin ne doit pas être sorcier. Sans doute était-ce pour cette raison que le lave-vaisselle n'était pas cher. J'aurais dû lire le descriptif technique jusqu'au bout. Mais franchement, qui lit un descriptif technique jusqu'au bout ? Voulant néanmoins croire à une erreur de la part de la société, je compose le numéro en 08 inscrit sur la facture. Quand soudain je me rends compte que les deux bonshommes sont partis sans récupérer mon ancien lave-vaisselle ! Je cours dans l'escalier « Hep, hey, messieurs, vous, là ! », faisant fi de la bienséance qui sied à une écrivaine qui a pignon sur rue. Leurs pas s'arrêtent, ils répondent du rez-de-chaussée « Oui ? » « L'ancien lave-vaisselle, vous avez oublié l'ancien ! » « Mais non madame, on n'enlève pas les vieilles machines. » Un temps d'arrêt, j'ai peur de passer par dessus la rampe. « Mais, mais comment je vais faire ? » « Comme vous voulez madame. »

La porte claque. Ils ont disparu. M'ont laissée avec une machine désossée, qui occupe toute la cuisine, une autre cassée que je ne peux même pas soulever. Je m'assieds par terre, le visage dans les mains, insulte toutes les femmes pourvues de sens pratique, les mères de famille qui viennent chercher leurs enfants à l'école de mes fils, à qui je dis bonjour du bout des lèvres, qui prennent un café à la sortie de l'école, et qui louent des fées pour l'anniversaire de leurs filles, qui signent les cahiers en temps et en heure, qui se font livrer des paniers bio, qui mixent de vraies pommes de terre pour faire de la purée, qui n'oublient jamais de mettre un goûter dans le cartable, ni un mot d'excuse quand leur enfant a trente-sept cinq de fièvre, et des Kleenex en papier recyclable pour s'essuyer les mains, qui couvrent les livres et collent des étiquettes, qui vont à chaque réunion, critiquent les directives pédagogiques et les menus de la cantine jugés trop gras, qui comparent les marques d'électroménager, et qui savent comment commander un lave-vaisselle sur internet. Néanmoins, pour me rapprocher un peu d'elles, je tente un exercice de yoga, du moins ce que j'imagine être du yoga, car je n'en ai fait qu'une fois, dans le cours d'Irina, fuyant les groupes formés dès la rentrée des classes entre ces

*Jour 6*                                                     147

mamans encyclopédiques, pour qui la différence entre
hatha yoga, yoga bikram, pilates, méthode Iyengar
ne fait aucun mystère. Respiration lente et profonde, le
« Om » m'avait fait aussitôt fuir, car il faut y croire
pour lâcher un cri primitif au milieu d'hommes et de
femmes hystériques, capables de clamer « Om » avec
conviction. Ça ne marche pas.

Je me relève et grille coup sur coup trois cigarettes.
Qui me calment. Je recompose le numéro, et finis par
obtenir une voix humaine, ou que je prends comme
telle : « Bonjour, c'est la livraison 56789CIZUN (un
code que je ne risque pas d'apprendre par cœur alors
qu'il va m'être utile pendant cette guerre des nerfs,
où j'aurai à le répéter une bonne vingtaine de fois),
je voudrais savoir OÙ EST LA PORTE ? » « Patientez deux
minutes », et elle me balance du Balavoine, mais
combien de génocides ai-je commis dans une vie anté-
rieure ? « Madame Fayolle ? » « Oui, oui, oui, c'est
moi ! » L'espoir renaît, je serai prête à faire la paix
des braves, à oublier l'attente, l'affront, le cynisme,
l'inhumanité. « Vous avez commandé un lave-vaisselle
encastrable. » Sa phrase n'est pas interrogative, mais
un constat sans appel. « Oui, et alors ? » « Mais alors,
il n'a pas de porte. » « Attendez, je ne vois pas le
rapport. » Elle s'impatiente, faut-il être stupide pour ne
pas savoir ce qu'est un lave-vaisselle *encastrable* !?
Avec toute la patience légèrement méprisante d'une ins-
titutrice catholique à la retraite qui alphabétise un
Malien de quarante ans vivant depuis vingt ans en foyer
Sonacotra mais ne sachant pas articuler un mot de

français ou alors avec un accent à couper au couteau :
« Un lave vaisselle en-cas-tra-ble est gé-né-ra-le-ment
a-che-té lorsqu'on fa-bri-que une cuisine de son choix,
avec re-cou-vre-ment bois tradition, bois nature, contre-
plaqué, ou autre plaquage, en har-mo-nie avec l'ensemble de votre cuisine : vos placards, vos autres
appareils électroménagers, votre plan de travail. Vous
comprenez ? » Et en effet, la lumière commence à naître
dans mon esprit : des images de cuisines publicitaires
défilent devant mes yeux, la tête me tourne, « Mais
alors, qu'est-ce que je dois faire ? » (J'omets de lui préciser que je parle un français correct et qu'elle peut
aller plus vite, au moins dans son phrasé.) « Appelez
votre menuisier, celui qui a fait votre cuisine. » Devant
l'ironie de cette phrase, je comprends que l'aventure du
lave-vaisselle, que je croyais finie, ne fait que commencer. « Un menuisier ? Mais ça me coûtera plus
cher que le lave-vaisselle ! » « Certainement Madame
Fayolle, au plaisir de vous revoir chez nous. » Et la
salope raccroche. Moi qui regrette souvent mes actes,
je ne suis pas mécontente d'avoir saturé de mails leur
espace clients. Mais c'est un maigre réconfort. J'étais si
heureuse de faire la surprise à mes fils, à qui je m'étais
gardée d'annoncer la nouvelle, pour savourer leur joie.
Au lieu d'un nouveau lave-vaisselle où coller nos mots
d'amour, il y en a deux, une épave, et un squelette.
Ne cédant pas à la panique, je cherche « porte de lave-
vaisselle » sur la toile. Mais internet ne doit pas comprendre le concept, aucune réponse sur Google. Je finis
par dégoter un site qui vend au détail des façades à fixer

*Jour 6* 149

soi-même : je ne m'étais pas trompée, elles coûtent le prix du lave-vaisselle.

Déconfite, je jette un œil sur mon téléphone : aucun message d'Émile Berthot ne m'attend. L'heure en revanche s'affiche, sans pitié. Je vais être obligée de tout laisser en plan, la mort dans l'âme, songeant à mon dîner de ce soir, que je cuisinerai serrée contre la Chose et mes fourneaux. Peut-être Anne trouvera-t-elle une solution. Cette idée me redonne un peu d'énergie, et je prépare mes affaires songeant que cet accident m'a au moins évité de téléphoner à José. Mais j'y pense : José évidemment résoudrait le problème en un quart de temps, c'est lui qui a construit la commode et la tête de lit. Je vacille. Soyons forte. Résistons à la tentation. Je peux vivre – quoi, une semaine, un mois avec deux lave-vaisselle, dont un décharné ? Avec un peu de bonne volonté ou beaucoup d'autoconviction, oui. Mais après ?

Je me dirige vers la station Glacière, rentrant les épaules et luttant contre le vent, les cheveux trempés, le nez rouge, les doigts gelés : je n'arrive pas même à accéder au quai, une foule compacte de dos me précède. Je prends mon mal en patience, observant seulement qu'il est quasiment l'heure du début du cours. Pour passer le temps et oublier mon corps qui supporte mal la station debout, j'envoie des SMS à Anne, la tenant informée de chaque avancée dans la bataille, lui transcrivant les conversations que j'entends autour de moi, les débuts de révolte, l'émeute qui gronde, la femme qui demande de l'air de façon hystérique, mais personne ne peut lui en donner. Elle me demande comment s'est passé l'entretien avec l'éditeur. Ne sachant honnêtement quoi lui répondre, j'esquive. Entre-temps la foule se meut, imperceptiblement. Les voix des haut-parleurs s'affolent, confirment les retards, se mélangent dans les raisons de l'avarie, exigent que l'on recule du quai, que l'on fasse passer ceux qui sortent, que l'on arrête de se bousculer. Le ton monte, on va bientôt se faire insulter, traiter de moutons de Panurge, de bêtes de somme, d'animaux dégénérés, d'indésirables : « Parquez-vous, les sous-hommes », « Entassez-vous dans la rame, qu'on cloue les portes et les fenêtres », « Vous ne pouvez même plus vous sauver », « Fermez les grilles du métro », « Aspergez-les de bombe lacrymogène », « Pensez à Furiani », « Mori momento ! » À ces mots une femme se retourne vers moi : « Vous parlez latin ? » J'acquiesce, alors que je n'en connais que trois expressions (ce que dément mon CV où le latin figure en bonne et due forme parmi mes langues courantes), mais celle-ci en fait partie, avec cunnilingus. « Souviens-toi que tu vas mourir ! » Au lieu de s'abîmer dans la terreur que cette petite piqûre de rappel aurait fort légitimement pu occasionner, la femme se retourne et s'étonne : « Je ne savais pas que les agents de la RATP parlaient latin ! », et ses voisins de s'esclaffer « Faut être à bac + 8 aujourd'hui pour avoir un boulot », « Pourquoi que vous croyez qu'on est ici et pas là-haut, dans les haut-parleurs ? » Je réplique en toute logique « Parce que vous ne parlez pas latin », CQFD. Sauf que ma remarque entraîne une suspicion à

*Jour 6*

mon égard : mais pour qui se prend-elle celle-ci, de quel droit elle nous juge ? Un homme à quelques pas de moi, le plus déchaîné d'entre tous, me montre du doigt : « Mori memento ! » Je baisse la tête, et m'effondre. Non, je n'oublie jamais.

Je suis condamnée à passer une heure en cette compagnie, serrée contre ceux qui me méprisent, me haïssent, ou seulement se méfient, bouc émissaire de la foule en furie, mais participant de la foule quand même. Je ne peux plus faire machine arrière. Il y a désormais autant de monde derrière que devant. Une femme derrière moi fait justement remarquer : « Il ne faut pas être claustrophobe ! », me rappelant soudain cette pathologie que j'avais réussi à tenir à distance en envoyant mes SMS et en me défendant contre mes agresseurs. Mais seule à nouveau, exclue du dialogue, je m'aperçois que je suffoque. Il me faudrait un point d'accroche, un carreau de ciel à regarder, une lucarne de lumière, n'importe quoi. J'ouvre mon téléphone portable pour y chercher mes photos de vacances, mais le visage de José, lunettes de soleil sur le nez, cheveux emmêlés de sel et d'algues, sirotant un verre de rosé sans regarder l'objectif, c'est-à-dire moi derrière l'objectif, me renvoie aussitôt à la conscience de l'écrasement imminent. Rien ne peut plus la déloger, une sueur froide m'envahit, mon corps commence à osciller, je respire difficilement, mes jambes se font molles, mon cœur s'emballe, je lève le visage au ciel pour y apercevoir un signe, mais c'est le mur carrelé du métro qui me répond « chienne en chaleur », ce qui détourne un instant mon attention focalisée sur ma mort en acte : « Comment ont-ils bien pu se hisser jusqu'en haut pour taguer ? » Je les imagine, pyramide humaine, et le dernier acrobate, le plus léger et le plus adroit, les deux pieds sur les épaules du précédent, concentré sur ses lettres en même temps que sur son équilibre, s'appliquant sur les dernières lettres C-H-A avant de devoir partir en courant, sans terminer le R. Ils doivent faire partie d'une troupe de cirque chinois, ce sont les plus techniques – j'ai vu avec mes fils les contorsionnistes et les acrobates sur la pelouse de Reuilly avant Noël, nous étions émerveillés. Mais alors pourquoi auraient-ils écrit en français ? L'absence du *R* serait-elle due à une hésitation ortho-graphique, plutôt qu'à une descente de police ? Qui est donc la chienne en chaleur incriminée sur un plafond de métro, sinon celle qui lit ? Le mystère reste entier. J'ai beau chercher la solution, pour éviter de penser à ma situation, l'échec guette et la suffocation menace de reprendre le dessus. Pourtant nous avons avancé, sans nous en apercevoir certes, le quai est là, la rame à portée de main, qui charrie un fleuve humain dont les lois de la physique sont impuissantes à rendre compte : comment un contenant peut-il contenir un contenu plus gros que lui ? Les usagers du métro seraient-ils tous contorsion-nistes ? C'est une autre vision de l'expansion chinoise, mais à y réfléchir elle me paraît peu réaliste. Je suis poussée, emmenée, ramenée vers la porte, qui se ferme devant mes yeux. Je voudrais tant m'évanouir à cet instant, et en même temps bande toutes mes forces pour ne pas tomber. La peur du vide m'étreint, l'appel

*Jour 6*                                                                153

du vide me terrifie plus encore – alors qu'il n'y en
a pas une once. « Retenez-moi ! » demandé-je à la
foule anonyme. Je sens des mains qui m'attirent ou
m'agrippent, j'ai le réflexe de vérifier le portable dans
ma poche : il y est toujours, on voulait juste m'aider.
De confusion je me laisse tomber, mais même cela est
impossible. Mon corps est encastré dans celui des autres
à tel point qu'il est tenu, indéboîtable, dans une position
étrange : une sorte de statue cubiste – je saisis à cet
instant le réalisme de ce courant artistique, alors que je
l'avais toujours pris pour une construction un peu
abstraite et intellectuelle. Mon destin est donc inexorablement relié à celui des autres, mon individualité
s'évanouit, j'abandonne ma volonté, et l'illusion de
mon autonomie. Je cède, je perds pied, il faudra qu'un
spécialiste en accidents routiers vienne nous désen-
castrer, avec la scie sauteuse s'il le faut. J'ai l'intuition
de ce que signifie le corps social, ce monstre compact,
où les hurlements de colère fusent, mais où l'organique
prime, nous unissant les uns aux autres dans un rite
initiatique de désindividualisation. C'est bien cela, je
suis en train de vivre une expérience mystique.

Lorsque le métro se met en route, avant même que je
me sois aperçue que j'étais enfin dedans. Il faut dire
que je suis toujours encastrée. Une femme demande à
ce qu'on ouvre les fenêtres. C'est peut-être moi. Mais la
voix du conducteur au même moment se fait entendre :
« N'ouvrez pas les fenêtres, une fuite de canalisation
entre Glacière et Edgar-Quinet risque de vous inonder. »
Des rires se font entendre, l'humour du désespoir. Les rats

154                              *Les invasions quotidiennes*

sont pris au piège, l'eau monte dans les tunnels souter-
rains, nous allons être doublement noyés et enterrés
vivants, les deux morts les plus horrifiantes sur mon
échelle de la mort.

Des larmes à nouveau coulent de mes yeux, malgré
moi. Je pense à mes fils, que je ne reverrai pas, livrés à
leur père sans contrepoint. Au foot qu'ils ne feront plus
parce qu'il aura oublié de les y emmener, au bureau du
directeur où ils se rendront chaque matin pour expliquer
leur retard, aux cheveux trop longs mais merveilleu-
sement bouclés qui ne connaîtront plus les ciseaux et
accueilleront des générations mutantes de poux, à leurs
câlins qu'ils ne feront plus parce qu'il faut une mère
pour cela, à leurs devoirs de français que plus personne
ne corrigera, à leur peine, à leur perte, à leur solitude.
Je pense aux enfants sans mère, aux cheveux bouclés,
à la tendresse en berne, je pense à la Syrie. Et c'est
comme un déclic. Je m'éveille de ce mauvais rêve, pour
contempler les hommes et femmes autour de moi, les
mêmes qu'il y a cinq minutes, et je respire enfin, pleine
de compassion pour l'humanité d'un côté à l'autre de
la Terre, humanité endormie et tragique, dont je me
détache en la réintégrant. C'est alors qu'est annoncée
la station Montparnasse. Je sors, je quitte ma forme,
j'entre dans de nouveaux corps, la même cérémonie se
produit aux abords de la ligne 13, mais c'est presque
allègrement que je l'observe, mon esprit désormais
détaché de mon corps, accédant presque au point de
vue de Dieu, en tout cas un étage supérieur à celui des
haut-parleurs.

*Jour 6*                                                            155

J'arrive en cours en état de lévitation. La plupart des étudiants sont partis, ou jamais arrivés. C'est qu'ils doivent prendre le métro eux aussi pour venir jusqu'ici. Nous avons l'impression d'être sur un navire pris dans les glaces. L'électricité ne fonctionne plus dans l'aile gauche. Les techniciens passent, fantomatiques, et repassent, sans qu'on puisse les arrêter pour venir aux nouvelles, et à défaut leur demander des prévisions – « Il n'y a pas écrit Météo France sur mon front », c'est vrai, je n'avais pas fait attention, « Dans le noir, c'est difficile à dire », répliqué-je. Et lui aussi marmonne comme si je l'avais offensé. Décidément ce n'est pas mon jour. J'attire les regards hostiles, j'attise les humeurs, mais dans mon état d'euphorie, j'accepte d'être la victime expiatoire de la météo française. C'est ainsi que je rentre chez moi, après une après-midi infructueuse mais riche d'expériences, certes difficiles à partager, voire à raconter. Il n'y a guère que mes fils qui pourraient me comprendre. Et peut-être, qui sait, Émile Berthot ? S'il me rappelle un jour...

Je fais mes courses, et arrive à la maison vers dix-huit heures trente. Les enfants ne sont pas là, Aïcha attend seule. Elle semble consternée par le spectacle offert dans la cuisine. « Je sais, il y a eu un problème, mais on va le résoudre. Aïcha, toi qui sais surfer sur internet (elle a seize ans), tu peux essayer de me trouver un site où on vend des portes de lave-vaisselle ? » Elle s'exécute, tandis que je commence à couper les oignons et préparer le bouillon pour le risotto. Aïcha en deux temps trois mouvements me fait un compte rendu de la recherche : « Il y a celle-ci, mais elle coûte cent cinquante euros, sinon, Ikéa. » Mais bien sûr, que n'y avais-je pensé ? Pas besoin d'avoir seize ans pour songer à Ikéa comme solution à tous les soucis ! Je suis en dessous de tout. « Mais comment on fait par internet ? » « Tu as un mètre ? » me demande-t-elle. Oui, quelque part. Tout le monde a un mètre quelque part. Reste à savoir où. Je finis par le dégoter. Elle mesure le lave-vaisselle, hauteur, longueur, revient sur l'écran d'ordinateur et en deux minutes trouve une façade d'inox, exactement ce que je cherchais : je reste ébahie par tant d'efficacité. « Clique ! » lui ordonné-je fébrile, avec un brin d'autoritarisme que je tente de dissiper en la félicitant avec des mots de « yeuve » qui cherche à faire « djeun », ce qui la fait sourire, en toute bienveillance. « Mais ça ne coûte rien ! » sursauté-je, la somme de trente euros semblant dérisoire au regard des cent cinquante euros de départ. Avant de valider mon panier, je m'aperçois que la livraison, elle, n'est pas donnée. Elle triple littéralement le coût de ma porte. « C'est quand même idiot ! » dis-je à l'attention d'Aïcha, « Je suis sûre qu'il me manque des choses à la maison. On a qu'à en profiter pour les commander. » Elle acquiesce, très concernée par notre petite entreprise. « Tu as besoin de trucs toi ? » De plus en plus intéressée, elle regarde le site, nous nous agglutinons toutes les deux devant l'écran : ce pouf, là, il est bien... Il serait bien dans le salon... Et ce cadre, pour les dessins de mes fils... Une étagère dans la cuisine pour ranger les verres ? Je pourrais changer de lit ? Non,

*Jour 6*

quand même pas. Mais les rideaux, ils sont jolis ces rideaux ? Clic, clic, clic ! Le panier annonce maintenant dix articles, de quoi rentabiliser notre livraison. Me voilà soulagée, de deux cents euros et d'un poids qui vaut bien ce prix.

C'est alors que José et les enfants entrent dans le salon. Nous ne les avons même pas entendus arriver. Aïcha s'éclipse, la présence de mon ex-mari la met toujours mal à l'aise, au point de faire surgir en moi des doutes. Mais je ne m'arrête pas à cela, le temps n'est plus à comptabiliser les trahisons, même si les connaître renforce ma fermeté à son égard, parfois prête à fléchir. Mais seize ans, quand même... Comme à son habitude José s'installe dans notre ancien canapé, tandis que je me réfugie dans la cuisine, dans l'espoir insensé qu'il ne m'y suive pas – néanmoins rassurée qu'il ne semble pas avoir eu vent des poux. Les garçons eux, m'emboîtent le pas : « Oh maman, tu nous fais un risotto ! » Désolée, je suis contrainte de murmurer « Non, c'est pour mes copines. Il ne sera pas prêt à temps. Vous mangerez des frites, et vous irez tôt au lit. », leur faisant chut du doigt, en leur indiquant le lave-vaisselle. Solidaires, ils vont poser leurs affaires dans leur chambre. José me demande « Alors, Charlotte, comment ça va ? » Question à laquelle j'ai peu de réponses à apporter, sinon un « bien » peu convaincant, mais enfin il ne me demandait pas non plus vraiment des détails sur mes états d'âme, même s'il brûle, je le sais, de les connaître, avec le secret espoir qu'ils ne soient pas au plus haut.

« Je te dérange là ? » « Non non, mais j'ai des trucs à faire. » « Ah oui, t'as des trucs à faire ? » « Eh ben oui, ça te surprend ? » « Non non. Mais t'as toujours des trucs à faire quand je suis là. » « Quand tu es là, quand tu n'es pas là, aussi surprenant que ça puisse paraître, j'ai une vie. » « Et tu ne peux pas te mettre sur pause deux minutes ? » « Non. » Ce non définitif éveille en lui la suspicion. « Tu reçois ce soir ? » « Ça ne te regarde pas. » « Mais je peux te le demander, non ? C'est secret ? T'as des choses à cacher ? » « Rien à cacher, mais rien qui te concerne non plus. » « Si t'as un mec, tu peux me le dire, ça ne me fait plus rien. » Nous voilà partis dans une bonne vieille discussion dont je connais toutes les modalités. Je préfère y mettre un terme, regardant l'heure, anxieuse. « Tu fais un risotto ? » « Oui. » « Donc tu as des gens à dîner. » « Bon, tu ne voudrais pas y aller ? Je suis à la bourre, et les enfants ne doivent pas se coucher trop tard. » « C'est pour ça que tu veux que je parte ? Pour tes enfants ? Mais qu'est-ce que t'en as à faire de tes enfants, quand ils sont là tu fais des dîners au lieu de t'occuper d'eux, et dès qu'ils ont le dos tourné tu sautes sur l'occasion. » « L'occasion de quoi, je ne comprends pas ? » « Tu ne peux pas rester seule, c'est ça ? T'as besoin de ta cour en perfusion ? » « Écoute José, je n'ai vraiment pas envie de discuter avec toi, vu la tournure que prend la conversation. Donc si tu pouvais y aller, ça serait formidable. » « Mais très bien ! Je me suis déjà fait virer, je suis habitué maintenant ! Allez les garçons, j'y vais, votre mère semble pressée que je parte. »

*Jour 6* 159

À nouveau piégée par la présence de mes deux fils, je ne réponds pas. José se lève et – geste de bienséance inhabituel – va poser son verre dans le lavabo. Il faut croire qu'il a un sixième sens. « C'est quoi cette machine ? » « Rien, mon lave-vaisselle. » « Mais pourquoi tu en as deux ? » « Parce que j'ai besoin de l'ancien pour récupérer des pièces. » « C'est lequel l'ancien ? Le moche ou le squelette ? » « Ça t'intéresse tant que ça ? » « Non, pas vraiment, mais je vois que tu as de l'argent à dépenser. » « Quand mon lave-vaisselle est en panne, j'en rachète un, ça pose un problème ? » « Pas du tout. Mais tu aurais pu me demander, tu sais que j'ai un super plan pas cher, et les livreurs récupèrent l'ancien – ce qui est le b.a.-ba, je ne sais pas comment tu t'es démerdée, y a que toi pour te retrouver avec deux lave-vaisselle », finit-il en riant. Le voir de si bonne humeur m'encourage à le pousser vers la porte. Il ne lui vient pas à l'idée de me proposer de m'aider à descendre la machine usagée, mais au moins repart-il guilleret, tellement enchanté d'assister à ma déconfiture. S'il avait été là, l'affaire aurait été rondement menée. Je le laisse à ses convictions, omettant de lui rappeler qu'il n'était jamais là, et que par conséquent ça faisait un bout de temps que les affaires n'étaient plus menées du tout. À deux doigts de refermer la porte derrière lui, j'entends l'ascenseur s'enclencher. « Tu ne veux pas prendre l'escalier pour faire un peu d'exercice ? Tu vas attendre des plombes. » « Non, je ne suis pas pressé, en tout cas moins que toi. » Et j'assiste à l'inévitable rencontre entre Anne sortant de l'ascenseur et José, qui se retourne vers moi avant même de la saluer, d'un regard entendu, murmurant à travers ses lèvres à demi fermées « Je comprends mieux ».

Les garçons sautent dans les bras d'Anne, c'est la marraine d'Adrien – choix accepté des deux côtés du temps de l'entente cordiale. José balance, d'un ton léger : « Alors, c'est la réunion du club féministe ce soir ? Je sens que mes oreilles vont siffler. » « Ne t'inquiète pas pour tes oreilles, répond Anne, nous avons d'autres sujets de conversation plus brûlants. » Je tiens mes enfants par les épaules, comme pour les soustraire à la joute qu'ils sont de toute façon condamnés à entendre. José à nouveau se tourne vers moi, et siffle. Un voisin plus bas tape contre la cage d'ascenseur, s'impatientant de le voir arriver. « Bon, vas-y maintenant, tu bloques tout le monde. » La mort dans l'âme, José est contraint de monter dans l'ascenseur. « Bon risotto ! » crie-t-il de l'ascenseur, « Ne buvez pas trop ! Courage pour la vaisselle ! » Je laisse entrer Anne en soufflant de soulagement, libre enfin de mes faits et gestes, mais l'humeur gâchée par ce que je redoutais : ces collisions entre deux vies, deux espaces, deux territoires, que mes enfants foulent en cherchant les passerelles, sans les trouver. Leur père se charge de leur dresser des murs. Mais de mon côté, qu'est-ce qui cloche ? La vision de mes deux lave-vaisselle, l'un désossé, l'autre cassé, côte à côte dans une cuisine de six mètres carrés, s'impose alors à moi. Mon champ de bataille se résume dans cet espace intime. Aussi invité-je Anne et Irina à contempler le désastre de ma vie

*Jour 6*                                                                161

transitionnelle. La métaphore les fait rire, ensemble
nous concluons qu'il est temps de mettre fin à cette
situation.

Une heure plus tard, nous avons couché les enfants
avec force promesses et réfléchissons en sirotant du vin.
Irina me pousse à avoir une *aventure* et j'aime ce mot
désuet dans sa bouche. L'aventure, je n'attends que ça,
enfermée dans mon trois pièces rue de la Santé en dialo-
guant par le langage des sourds avec des prisonniers
longue durée, dont j'ai tout le loisir d'imaginer le visage
dans mes heures de solitude. Anne lui donne raison :
« N'importe qui ! Il faut que tu t'amuses, que tu t'ou-
blies un peu. » « Mais comment voulez-vous que
j'invite quelqu'un chez moi ? » réponds-je désolée, en
leur montrant successivement ma cuisine, la chambre
des enfants, et la commode construite par José. « C'est
vrai, il n'y a pas l'espace. On va faire un truc qui sera
la première étape de ta nouvelle vie », propose Anne,
mystérieuse. Irina et moi la regardons intriguée. « À
nous trois, on peut sortir ton ancien lave-vaisselle et le
descendre sur le trottoir. Demain tu appelles les encombrants. » Mon visage s'illumine, puis se rembrunit. « Si
tu avais vu les deux Pakistanais anciens champions de
boxe dans leur pays natal, souffler et suer en montant
la Chose, je crois que cette idée ne t'aurait même
pas traversé l'esprit. » « Champion de boxe peut-être,
mais pas d'échecs. On va trouver une stratégie. Et puis
descendre c'est toujours plus facile que monter ! »
J'interroge Irina du regard. Elle semble d'accord, et son
sourire n'est pas loin du rire qui la menace depuis le

début de la soirée. « Très bien. Je vous donne des vête-ments de travail, et un coup à boire pour nous donner des forces. »

Aussitôt dit, aussitôt fait. Chacune enfile un vieux polo pour ne pas déchirer les chemises en soie (dont je ne comprends pas le sens vu que mes deux vieilles copines ne devaient que venir dîner chez moi, et par conséquent ne rencontrer personne, mais j'admire cette gratuité dont je devrais prendre de la graine). Nous ter-minons la deuxième bouteille de vin, et passablement éméchées, nous nous mettons au travail. Anne tente de sortir la bête de sa niche où elle semblait si bien ins-tallée, mais pour cela il faut qu'Irina sorte la deuxième bête qui dormait dans l'enclos, empêchant la première de sortir. Je l'aide à la mesure de mes moyens, et nous mettons vingt minutes à mener cette première opération préparatoire à bien : tracer un chemin. Pour égayer l'en-treprise, je mets le dernier album de Franz Ferdinand sur mon iPod et monte le volume à fond. Nous chantons de conserve, nous effondrant régulièrement sur les machines, et improvisant des chorégraphies autour de ces nouveaux totems, les enlaçant langoureusement, puis montant dessus, podiums improvisés qui nous font découvrir les potentialités ignorées d'un appareil électro-ménager. Nous arrivons à trois à tirer la machine cassée jusqu'à la porte d'entrée, et là, butons contre la commode lavande qui oscille à la vue du lave-vaisselle comme pour le provoquer : tu ne passeras pas par là. Mais dans mon état, il ne faut pas me défier : je donne un grand coup de pied dans les tiroirs, elle s'ébranle, mais coriace

*Jour 6* 163

retrouve son assise miraculeuse étant donné la disproportion des côtés. Irina et Anne se regardent, et je comprends à leur air désolé qu'elles se demandent tout
comme moi ce que fait encore là cet objet immonde et
inutile. Impossible de réfréner un fou-rire tandis que
nous la tirons pour dégager un chemin, faisant tomber
le courrier comme des pétales de rose sur la voie des
mariés.

Je leur enjoins de faire moins de bruit. Si ma voisine
d'en face est de mon côté, ceux du haut me sont hostiles. « Comment on fait maintenant ? » demandé-je à
Anne devant l'escalier. « On le met dans l'ascenseur
bien sûr ! » « Mais il ne rentre pas. » J'avais omis cette
précision lorsque l'initiative a été votée à l'unanimité.
Anne me regarde consternée, mais reprend les choses
en main. « OK, deux possibilités : soit il reste à
demeure dans l'entrée, et nous n'aurons fait que
déplacer le problème. Soit on prend notre courage à
deux mains... » « ... et aussi notre nuit... », ajoute Irina,
« ... et demain matin, tu te réveilles dans une nouvelle
vie. » À nouveau la motion est votée à l'unanimité.
Nous y passerons la nuit s'il le faut, « Ça nous fait faire
du sport », conclus-je, pour auréoler cette entreprise
charitable d'une justification ultime. Je ne mentionne
pas le paquet de cigarettes que nous achevons à nous
trois et la troisième bouteille que nous ouvrons pour
anesthésier la souffrance physique, ce qui devrait probablement atténuer les bienfaits de l'exercice, mais nous
sommes si joyeuses que rien ne saurait perturber notre
décision, sinon le poids et l'impossible prise de l'Objet.

Nous nous arrêtons toutes les trois marches en hurlant
« Attention ça tombe ! Je ne tiens plus ! », et en blo-
quant la machine contre le mur. Puis nous reprenons
la descente jusqu'au palier, pour changer de position.
Lamya, la mère d'Aïcha, passe un visage endormi à
travers sa porte : « Qu'est-ce que vous faites ? » « On
descend mon lave-vaisselle cassé. Désolée de faire du
bruit, mais c'est archi-lourd ce truc ! » Lamya appelle
Aïcha pour venir nous aider. Il est minuit passé, mais
l'adolescente jouait sur son ordinateur : mieux vaut
faire de la musculation et prendre l'air que de s'abrutir
devant un écran. À nous cinq, on va beaucoup plus vite.
Nos efforts sont entrecoupés de nouveaux fous rires, et
d'histoires d'hommes castrés. Le club féministe dont
parlait José se reforme dans une cage d'escalier, autour
du symbole déchu de la ménagère, qui pèse son poids !
Enfin arrivées sur le trottoir, nous nous adossons toutes
au lave-vaisselle et faisons passer un joint qu'Anne
avait gardé en réserve – non pas calumet de la paix,
mais de la victoire. Ce qui achève de nous rendre
hilares. Quelques passants nous dévisagent, tantôt sou-
riants, tantôt terrifiés. J'invite tout le monde à prendre
un remontant à la maison. Et nous achevons cette merveilleuse soirée autour d'Aïcha, endormie dans le
canapé, en racontant tour à tour nos plus belles histoires
d'amour. Quand mon tour arrive, j'hésite, mais suis
obligée de conclure « Je crois qu'elle est à venir ».

# JOUR 7

## *La foi capillaire*

La nouvelle machine trône désormais seule dans la cuisine – son doublon attend patiemment dans la rue le service des encombrants pour un dernier voyage. Elle est seule et nue, terriblement nue, ce qui permettra à José de s'esclaffer chaque fois qu'il passera chez moi avant la livraison Ikéa, et me fait penser qu'il faudrait désormais trouver une solution pour qu'on ne se croise pas. Au moment où me vient cette réflexion, un message de lui s'affiche : « Il y a grève à l'école demain, tu sais ? » Qu'il soit au courant m'étonne : « Oui, j'ai prévu d'emmener les garçons au cinéma », « Ça tombe mal car justement j'ai prévu aussi de les emmener, voir le même film que toi », dont je n'ai pas donné le titre, entre parenthèses. Cette fois c'est sûr, il me cherche. Il ne me trouvera pas. Une étincelle jaillit soudain dans mon cerveau « OK. Moi je les emmène ce soir au resto, je leur ai promis. Tu viens demain les chercher à midi et tu les emmènes au ciné. » « Sache que j'ai décidé de ne plus me soumettre à tes ordres et de ne voir mes fils seulement quand ça t'arrange. J'irai les chercher à l'école ce soir et les emmènerai au resto, un vrai resto où on peut manger de la vraie viande, pas un rade à sushis. » Sa réponse ne me surprend pas, il est pris à son propre jeu, c'est exactement ce que je voulais : nous ne nous croiserons pas. J'ai enfin mis en pratique les leçons de manipulation prises auprès de José pendant quinze ans. Mais j'ai le désagréable sentiment d'avoir sacrifié mes enfants à une cause à laquelle ils sont étrangers, la guerre de leurs parents, dont jusqu'à présent j'avais tenté de les protéger. Ma stratégie est vile, et ma victoire amère. Il faudra trouver autre chose.

Difficile de défaire une routine qui s'est mise en place un peu indépendamment de nous. Pour ce faire, il me faudrait taper du poing, engager une nouvelle bataille, rompre un peu plus, monter d'un degré sur l'échelle de la séparation qui en comporte encore un bon nombre. Je suis apparemment seule à pratiquer la déliaison. José est pour le moins peu coopératif, assurant son statut de victime indéfiniment reconductible. Malheureusement ma combativité n'est pas au pic de sa forme depuis notre séparation, et se dilue dans cette transition qui dure, prête à devenir une situation définitive. Si mon immobilisme est de la même intensité que celui de mon ex-mari, ce n'est pas par manque de volonté de ma part – quand chez lui c'est une position sur l'échiquier de la guerre – mais bien parce que je deviens incapable de prendre la moindre décision, déchirée entre le désir de donner un coup de pied (de préférence avec mes simili Santiag Les Prairies de Paris) dans ce bordel qu'est notre vie – et je suis bien

*Jour 7*                                                                167

obligée d'user de ce malheureux possessif commun – et
la peur, la paresse, le doute, la culpabilité, c'est-à-dire
ce qui me définit essentiellement.

Songeant à tout cela, je me rends chez le coiffeur en
traînant des pieds. Il y a une semaine, une nouvelle
coupe ouvrait pour moi la perspective d'une nouvelle
vie – c'est ainsi, j'ai une foi infinie dans les cheveux.
Mais désormais, cet acte de revendication féminine me
paraît vain. Changer de tête pour qui, pour quoi, moi
qui ne suis pas capable de demander à mon ex-mari
de ne plus mettre les pieds chez moi parce que c'est
trop violent – le pauvre – et même s'il se débrouille
toujours pour que les cinq minutes passées ensemble en
deviennent trente, et trente de cauchemar ? Pour Émile
Berthot, qui de toute façon ne se souvient plus de mon
ancienne coupe vu qu'il m'a vue une seule fois dans sa
vie, et qui prend mais alors vraiment tout son temps
pour me répondre, alors que je lui ai fixé la date fati-
dique de Limoges ?

Le perroquet Emmanuel Kant me presse – pas
question de rater le deuxième rendez-vous ! En bon
marionnettiste qu'il est, il active, par l'action de fils
invisibles, mes genoux et mes jambes pour qu'ils me
meuvent vers Havre-Caumartin où officie mon coiffeur.
Voilà à quoi sert sa loi morale, à me traîner dans un
espace musicalement saturé de techno, où se battent en
duel *Grazzia* et *Voici*, écornés à égalité, ce que je ne
cesse de lui répliquer. « Si tu crois qu'on va dénicher
la *Critique de la raison pure* entre deux brosses et trois
ciseaux », mais il s'en moque, étant entendu qu'aucun

motif égoïste ne doit entrer dans la loi morale. Ni les quatre-vingt-dix euros dont Antoine me lestera pour un balayage, ni les bestioles qui me démangent le crâne et dont je n'ai pas pris le temps de m'occuper. Cette dernière question me tourmente particulièrement pendant tout le trajet : un coiffeur *voit*-il les poux lorsqu'il fait un brushing ? Question que je ne peux raisonnablement pas lui poser, sous peine de me trahir.

Bien décidée à ne point céder à ma curiosité naturelle, j'approche tremblante d'une possible nouvelle humiliation. Antoine me reçoit avec force démonstration, avisant immédiatement mes pointes abîmées, et la nécessité de « redonner un peu de vie à tout ça ». Pour autant, il me laisse attendre trois quarts d'heure, avec, oh surprise, un choix de magazines réduit à deux options : *Grazzia*, ou *Voici*.

Il va de soi que j'ai jeté dans mon sac en prévision de cette éventualité quelques ouvrages de philosophie, dont un commentaire de Wittgenstein, *Totalité et Infini* de Lévinas, en plus d'un livre jeunesse venant de paraître, écrit par l'un de mes camarades de salons littéraires dépeuplés (certaines bourgades isolées sont dotées d'un adjoint à la Culture entreprenant, dont l'enthousiasme et la bonne volonté ne suffisent malheureusement pas à rameuter les foules. Rester assis cinq heures durant à côté d'autres auteurs aussi peu sollicités que vous engage à la conversation, et si ce n'est à l'amitié, du moins à la solidarité d'une blessure narcissique partagée). Cet auteur donc, dont le talent ne se mesure pas au nombre de signatures, fut mon compagnon d'infortune à plusieurs

## Jour 7

reprises, et de ce fait devenu un presque ami, bien que nos rencontres soient limitées aux manifestations jeunesse. Ensemble, et n'ayant rien d'autre à faire, nous jouons au jeu des sosies et notons le physique des enfants sur une échelle de vingt, leur prévoyant un avenir dessiné en fonction des vêtements de leur mère, de la façon dont elle leur tient ou non la main, de l'absence ou de la présence du père, de l'obésité naissante, des tics du visage, de la manière de marcher, et autres données scientifiques. Après avoir étayé différentes théories, « Dieu qu'elle ressemble à son père, sa mère est pourtant si belle », « Regarde, y a Brice Hortefeux qui s'approche de nous » (et un Brice Hortefeux de dix ans ça fait rire), nous passons aux accointances animalières, mon passe-temps favori – ne suis-je pas experte en animaux ? Il est tout à fait étonnant de voir à quel point certains enfants ne sont séparés du règne animal que de quelques degrés : singes – les poils noirs qui chez certaines petites filles descendent dangereusement jusqu'aux sourcils –, chiens – les yeux mouillés qui tombent –, parfois lapins – dents proéminentes avant appareil dentaire –, loups aussi – le museau pointu et les canines affûtées... Et quand le moment arrive de signer (car cela arrive parfois), nous nous arrangeons toujours pour glisser dans la dédicace une allusion au bestiaire commun, voire un petit dessin. Je me sens donc dans la dette morale de lire son livre, pour agrémenter nos prochaines rencontres.

Pour autant, après un bref coup d'œil sur la couverture de *Voici* – mais je ne connais aucune des vedettes à l'affiche –, et même si quatre livres dans mon sac me tendent les bras, chacun pour des raisons différentes mais toutes de l'ordre de la nécessité, je cède à l'horrible tentation de m'emparer de *Grazzia*. Non seulement je regarde les photos, mais en plus je lis les textes – on ne m'a pas appris à feuilleter. Kant piétine, son bec pique mon épaule, il va bientôt, furieux de ma faiblesse, viser les yeux, déféquer dans mon cou, hurler à mes oreilles. Je préfère souffrir sous l'assaut (tel saint Sébastien criblé de flèches, qui pour autant ne renonce pas à sa foi), et lire *in extenso* l'interview de Natalia Vodianova qui signe sa cinquième collection pour Etam, puis celui d'Alexa Chung dont « le pire ennemi est la doudoune » (*dixit*). Enfin, je tombe sur un test. J'adore les tests. Avant même de lire les épreuves (je me figure toujours participer à un concours), je sors un crayon de mon sac, afin de remporter le premier prix de « Quel âge a votre corps ? ».

Très vite, la difficulté des questions calme ma joie de néophyte : diviser votre tour de hanches par votre tour de taille. Faut-il être polytechnicien pour calculer l'âge de son corps ? Le mien me semble avoir le même que moi, mais je n'ai pas encore lu le test jusqu'au bout, sans doute rendra-t-il manifeste ma tendance terre à terre. Je n'ai aucune idée ni de mon tour de taille ni de mon tour de hanche, et n'ayant pas pour habitude de me balader avec mon mètre sur moi (même si j'en ai un, celui-là même qui a servi à mesurer mon lave-vaisselle, dont je connais pour le coup les mensurations), je ne peux m'exécuter sur-le-champ – déjà je

*Jour 7*

perds des points. Peu importe, je passe à la suivante :
« Debout, sans échauffement, jambes tendues, penchez-
vous en avant pour atteindre le sol, vous parvenez à :
toucher vos genoux, ajoutez trois ans ; toucher le milieu
de vos tibias, ajoutez deux ans ; toucher vos orteils,
ajoutez un an ; poser la main à plat par terre, ôtez deux
ans. » Je jette un coup d'œil à droite à et gauche, pour
vérifier que tout le monde est bien affairé à sa tâche, et
me lève discrètement. Je penche en avant mon buste,
et parviens à toucher mes genoux. Encore un effort, je
pousse, je tire, quand quelqu'un derrière moi me
demande si tout va bien. « Oui oui, un petit mal de dos,
c'est la seule façon de le faire passer. » Une fois rassise,
je note le résultat. Et passe à la suivante : « Dos contre
un mur, en position assise (mais sans chaise), combien
de temps tenez-vous ? » Cela devient de plus en plus
délicat. Mais en trichant un peu, je me soulève de mon
siège, y colle seulement mon dos, de façon à tenir le
plus longtemps possible sur le seul effort de mes
jambes. Je ne suis pas mécontente de voir que je tiens
quasiment deux minutes et peux de ce fait ôter deux
ans à mon corps. Les autres questions concernent mon
hygiène alimentaire. Consciencieusement, je coche les
cases. Pour la cigarette, je vais directement au + 3. Il
faut ensuite que je sente les battements de mon cœur.
Je glisse une main sous ma chemise pour avoir une prise
plus efficace, et tente de compter, quand une jeune
femme vient me chercher pour le shampooing. « Je
peux garder le magazine ? » « Bien sûr », me répond-
elle aimablement en m'asseyant de force dans un siège

à bascule et en m'inondant la tête d'une eau d'abord glacée puis brûlante. Qu'à cela ne tienne, je n'ai pas ôté la main de mon cœur, un deux trois quatre. Il n'y a aucun doute : je vis. Ne pouvant à la fois compter et regarder ma montre, le visage vissé au plafond, je remets à plus tard le verdict, et me concentre de toutes mes forces pour que la shampouineuse ne soit pas trop regardante quant à la fourmilière qui a élu domicile dans mon cuir chevelu.

Dieu merci, elle parle avec sa collègue, enchaînant des gestes mécaniques, sans aucun égard pour ma colonie. Puis revenant à moi : « Vous avez des cheveux blancs. C'est peut-être le moment de faire une teinture ? » Glacée d'effroi, autant pour les cheveux blancs que pour l'acuité de son regard – après tout je les ai comptés, il n'y en a que dix (j'en ai arraché un dernièrement) – dix sur des milliers, franchement – je la rembarre par un non à la violence un peu déplacée. Puis me radoucissant : « De combien d'années croyez-vous que mon corps va rajeunir si je fais une teinture ? » Blessée par mon non, elle me répond maussade : « Je sais pas moi, ça vous enlèverait bien dix ans. » Ce qui, une fois le calcul fait, remettrait à égalité mon corps et mon âme. Je dois absolument terminer le test pour prendre une décision, mais dans cette position la chose est délicate. « Je vous mets une crème ? » me demande la jeune fille (dont soit dit en passant, le corps semble nettement plus âgé que l'esprit en rupture de croissance). Je sais que mettre une crème veut dire quinze euros et une demi-heure de plus, je n'y tiens plus :

*Jour 7*

« Vous n'auriez pas plutôt quelque chose contre les poux ? » Elle me regarde horrifiée et va se laver les mains comme s'il s'agissait d'opérer à cœur ouvert, avant d'en référer à Antoine.

J'avoue qu'elle m'agaçait. Antoine tente de la raisonner, tandis que j'en profite pour calculer les battements de mon cœur, l'œil rivé sur la minuterie de mon téléphone. Bingo, entre vingt et vingt-deux battements en vingt secondes, ce qui, multiplié par trois, fait un total de soixante, et me permet d'ôter deux ans à l'âge de mon corps – je savais que j'avais un bon cœur, question de gènes auvergnats. La teinture, ce sera pour une autre fois. Pourtant Antoine, rusé, revient avec un nouvel argument : « Savez-vous Madame Fayolle, que les poux ne vont jamais sur des cheveux teints ? » « Ah ? Non, je ne le savais pas. Mais je n'ai que trente-huit ans, et une teinture me semble prématurée. En revanche, mes enfants ont des poux, en effet ; que me conseillez-vous pour les éradiquer avant que je ne les attrape ? » Ce léger déplacement de la réalité (qui me vaut un hurlement kantien que je suis seule à entendre) aplanit la situation. Antoine soulagé me fait asseoir dans son fauteuil et commence sa chorégraphie. « On coupe court ? Vous voulez quelle longueur ? » J'étais venue pour changer de tête, mais devant le passage à l'acte, je recule : « Oh, juste un peu les pointes, et puis le dégradé ». Déçu, il s'exécute, en me proposant néanmoins régulièrement des inventions de son cru, que je décline aussi sec. À la fin de la coupe qui lui aura pris dix minutes, je change d'avis : « En fait, qu'est-ce que vous pourriez faire pour tout changer sans trop couper ? » « Des mèches ? » « Non merci ! » « Une frange ? » « Je n'ai pas une tête à frange » « Des boucles ? » « Ils bouclent naturellement » « Un lissage brésilien ? » « En aucune façon », même si le fer à repasser aurait peut-être raison de mes poux, « Alors je ne vois pas. » « Et si vous coupiez plus court ? Un peu comme Charlotte Gainsbourg dans *L'Effrontée*, vous voyez ? » Antoine semble perdu – pourtant il chantait l'autre jour du Patrick Bruel, dont le tube ne devait pas être très éloigné de la sortie du film. Certes, demander une coupe (moins la frange) d'une jeune fille qui avait quatorze ans il y a vingt ans quand on en a trente-huit aujourd'hui pourrait outrager sa passion du progrès capillaire – mais grâce au *vintage*, on peut toujours faire passer une fixation adolescente pour une nouvelle mode – aussi s'exécute-t-il. Il n'y met plus aucune bonne volonté, ce qui personnellement me rassure, les enthousiasmes des coiffeurs ont un côté terrifiant. Je ressors de là les cheveux mi-longs, « une parfaite longueur qui les fait respirer », me dit Antoine pour justifier l'heure et demie passée *autour* de moi. Et s'étonnant soudain : « C'est vrai que vous lui ressemblez ! », presque aussi heureux que s'il l'avait coiffée pour de vrai, avec en plus le sentiment d'avoir recréé Charlotte Gainsbourg par son coup de ciseaux. La coupe est plutôt réussie, je dois l'avouer, et exhume la légère ressemblance, cadeau inespéré que je réserve à ma mère pour le dîner d'anniversaire. Je sors légère et pleine d'un nouvel espoir. Comme quoi, il me suffit de peu.

*Jour 7* 175

Et la magie des cheveux opère. Lorsque je rentre chez moi, un mail m'attend. « Chère Joséphine, c'est formidable pour un "premier jet". Je vois peu de travail à faire, sinon achever l'histoire – mais ne dépassez pas trop le nombre de signes, sans quoi nous serons obligés de changer de format, ce qui me semble inutile. Nous serons prêts pour Limoges, j'y compte bien. Nous pouvons discuter le détail du texte à mon bureau cette semaine, à votre convenance. Sincèrement, Émile Berthot. » Youyouyou ! Les prisonniers d'en face peuvent m'observer faire la danse de la joie, mais n'entendront sans doute pas la BO. Je hurle dans mon salon « Oh no not I, I will survive, oh as long as I know how to love I know I'll stay alive, I've got all my life to live, I've got all my love to give, and I'll survive, I will survive !!!!!! » J'enchaîne sur : « And I said darling, tell me your name, she told me her name, she whispered to me, she told me her name, and her name is, and her name is, and her name is, and her name is G-L-O-R-I-A, G-L-O-R-I-A Gloria G-L-O-R-I-A Gloria, G-L-O-R-I-A Gloria G-L-O-R-I-A Gloria », version Patty Smith, puis celle de Van Morrison (ce qui dans ma bouche ne change pas grand-chose). J'exulte, je transpire, tandis que le téléphone sonne – je laisse sonner – le répondeur se met en marche « Bonjour, c'est maman ! », alors j'enchaîne sur *Sara perche ti amo*, comme par association ma mère-petite pute-*L'Effrontée*-Riccie et Poverri, tandis qu'elle laisse son message qui dure le temps de la chanson. Peu fière de moi, je sens que la liberté est à deux doigts, vibrante dans mon corps, le temps de ma séance chamanique. Je sais bien que ça va retomber, là, dans un quart d'heure, une demi-heure peut-être, mais je n'y pense pas, l'intensité se désagrégera d'elle-même me laissant légèrement hébétée, prête à reprendre mes résistances comme une armure déjà toute assemblée, parfaitement ajustée à ma taille, dont j'ai néanmoins commencé à faire péter les attaches.

Mais il me faut répondre. Et je prends en pleine figure le retour du réel : c'est-à-dire l'abyssal bégaiement de ma capacité à dialoguer avec un autre être humain. L'indécence d'une exhibition de joie devant mes prisonniers m'accable. Je ferme les rideaux non sans leur avoir adressé un regard de contrition et branche mon iPod, pour écouter les versions originales. Bercée par la musique, je m'affranchis de ma muselière : « Demain, je suis libre. » Fi des calculs du désir, de la rhétorique de la rareté, de la stratégie du chat et de la souris : je suis libre demain, alors pourquoi ne pas le dire ? Qu'il pense ce qu'il voudra, que je n'ai rien à faire d'autre qu'à me rendre disponible au doigt et à l'œil, que je suis restée vissée à mon ordinateur en attendant son verdict, que j'ai envie de le revoir, et le plus vite possible : il aura raison. J'arrête de tricher. Du tac-au-tac – lui non plus ne semble pas avoir grand-chose à faire d'autre qu'à scruter ses mails – il répond : « Demain, parfait, je vous attends à mon bureau en fin de matinée. Si vous voulez, nous pouvons déjeuner ensemble, j'ai juste un rendez-vous que je peux annuler. » Plus rapide encore que lui : « Va pour

*Jour 7*

demain douze heures, et pour le déjeuner », je prends tout, il sera toujours temps de trembler demain. Je n'ajoute même pas « Moi aussi je peux annuler quelque chose » car je n'ai rien à annuler, sinon un tête-à-tête avec mon lave-vaisselle dans ma cuisine trop petite où résonne encore le rire de José.

# JOUR 8

## *Éblouissement et burrata*

Une nuit a passé et je suis une autre. Une autre que celle-de-la-veille-la victorieuse, c'est-à-dire que je suis redevenue l'ancienne, celle qui hésite devant sa tenue, qui regarde sa montre pour faire avancer le temps comme si l'observation du cadran avait un quelconque pouvoir d'accélération (en l'occurrence cela a plutôt un pouvoir inverse), celle qui se sent incapable de travailler car autre chose travaille son esprit, celle qui trouve que sa coupe fraîche après une bonne nuit de sommeil ressemble à un saint-honoré, et qui n'arrive pas à y remettre de l'ordre, parce que le pli de la mèche du dessus que l'oreiller a modelé sept heures durant est indestructible, comme sculpté dans la pierre, celle qui se gratte la tête parce que le brushing pulvérisant d'un coiffeur à bout de patience est pour le pou ce que le spa jet d'eau chaude, enrobage de boue et massage aux pierres chaudes est pour la femme de quarante ans célibataire et *work addict*, celle qui trouve soudain ses trente pages écrites en une soirée nulles, vaines, voire honteuses, celle qui se dégoûte d'avoir accepté si promptement un déjeuner avec son nouvel éditeur qu'elle a la faiblesse de trouver attirant, celle qui se regarde dans la glace et a envie de pleurer, celle qui reçoit un SMS de son ex-mari lui demandant si elle peut récupérer ses enfants en début d'après-midi car il doit passer un scanner.

Début d'après-midi ? C'est-à-dire quatorze heures ? quatorze heures trente ? C'est-à-dire la fin du plat de résistance, le début du dessert ? C'est-à-dire ? Un déjeuner anxiogène, plombé par l'idée fixe d'arriver à temps pour récupérer les petits ? Tant de scanners ont jalonné notre vie de couple, tant de sursis de trois mois, six mois, qui nous contraignaient à profiter de la vie tout en élaborant un discours approprié pour ces futurs orphelins de père. Puis finalement arrivait la merveilleuse nouvelle : le sursis se rallongeait de quelques années, entre dix et cinquante, pour retomber soudain dans les affres de l'imminence d'une mort certaine, à chaque fois programmée en fonction d'une autre échéance, d'ordre professionnel et désormais « séparationnel » – non l'adjectif n'existe pas. Disons simplement que la mort arrive cette fois encore au bon moment : au cœur d'un déjeuner prometteur.

Ce dernier SMS me redonne l'énergie du combat : à mort la mort. Aujourd'hui, je décide de ne pas la prendre en compte, elle saura attendre – au moins la fin de la journée. Bien sûr, il va trouver le bon goût de tomber dans un coma profond, au moment où Émile Berthot s'extasiera en pleurs devant l'originalité de mon imagination débordante, la beauté de ma plume, et de

*Jour 8* 181

mes seins. Bien sûr, la culpabilité me tiendra lieu de
bâton de vieillesse. Bien sûr, José est capable de se jeter
sous le métro pour empêcher mes tentatives de libé-
ration. Mais il est aussi possible qu'il n'en soit rien :
José a un sixième sens pour détecter des rendez-vous
non pas amoureux – ce serait présomptueux de ma
part –, mais du moins mixtes : moi et un homme, cela
suffit à activer l'alarme.

« Je ne peux pas, trouve un autre rendez-vous ou
organise-toi pour les enfants, j'ai un déjeuner professionnel impossible à décaler. » Déjà je lui en dis trop.
« Impossible à décaler ? Si tu penses qu'il est plus facile
de décaler un scanner que mon médecin m'a prescrit en
urgence et que j'ai réussi à obtenir en suppliant, très
bien, ne décale surtout pas ton déjeuner *professionnel*.
Si c'est avec un écureuil borgne, je comprends qu'il ne
puisse pas attendre. » Je suis étonnée de voir à quel
point José a fait des progrès en orthographe. Ma bonne
influence. Je suis tentée de le féliciter, mais choisis l'efficacité : « Appelle Aïcha si tu ne peux pas attendre »,
« Aïcha a peut-être d'autres choses à faire qu'à te sup-
pléer ? », « Sans doute, tu le sauras quand tu l'auras
*suppliée* ». L'allusion porte l'estocade. José a largement
profité de son statut de patron et d'homme marié pour
tenter le droit de cuissage. Je lui apprends par la bande
mes quelques doutes sur la question – les laisser planer
suffit. « Très bien. Si tu ne veux pas prendre en compte
mon état de santé, on en reparlera devant un juge. »
José n'a peur de rien, sauf de la justice. Il n'a de fait
jamais envisagé sérieusement d'en référer à un juge : et

pour cause, il aurait trop à perdre. Je prends la balle au bond « Parfait, le juge. Je n'attendais que ton feu vert », « Alors ce sera la guerre, une guerre crade, une guerre dégueulasse, et tu peux me faire confiance », « Ça oui, d'où le juge », « Il suffira qu'il lise tes livres pour te retirer la garde », « Et en même temps t'informer de leur contenu », « J'en sais assez pour être tranquille », « Alors c'est parfait, allons-y, au moins ne sera-t-il pas effrayé par tes écrits à toi – à moins que tu ne lui livres ton journal intime ? »

Le coup est bas, j'en ai conscience. D'ailleurs, José cette fois ne répond rien. Vais-je me rendre à ce déjeuner en ignorant le degré du séisme ? J'imagine qu'il va me répondre pendant le trajet. Il ne peut pas s'en empêcher. D'avoir le dernier mot. En attendant je ne sais toujours pas si les enfants ne seront pas livrés à eux-mêmes. Je me vois contrainte d'envoyer un texto : « C'est bon pour les enfants ? » Pas de réponse. Vais-je devoir m'excuser pour avoir la garantie qu'ils sont entre de bonnes mains ? Ou écourter mon rendez-vous au cas où il les ramènerait effectivement chez moi – ce qui est de l'ordre du possible ?

J'arrive devant la maison d'édition inquiète et angoissée. Laisse un message à Aïcha : « Serais-tu à tout hasard disponible vers treize heures trente ? Possible que José ramène les enfants... » Mais Aïcha semble effectivement avoir autre chose à faire. Je me présente à la réception, mon portable à la main. On me fait attendre cinq minutes avant de me donner le feu vert. Je monte les marches qui conduisent au bureau

*Jour 8*                                                     183

royal. Au moment où Émile Berthot m'ouvre la porte
pour me serrer la main, mon téléphone vibre. J'en
oublie l'ordre des priorités. Et regarde le SMS qui s'affiche avant même de lui tendre à mon tour ma paume
droite glacée. « Pas de problème, je rentre à la maison,
je peux garder les enfants. » Mon rythme cardiaque se
calme, c'est Aïcha, la tendre, la courageuse, la merveilleuse. Je demande à Émile Berthot de m'excuser une
seconde et envoie à José : « Tu peux les amener quand
tu veux. Sonne chez Aïcha, elle récupère les enfants. »
Je sais pourtant qu'il n'en fera rien. (Je sais aussi qu'il
y a sa mère pour un mois à Paris, que son rendez-vous
était du vent, et qu'il pourra me reprocher d'avoir dû
l'annuler pendant un certain temps, jusqu'au prochain
chantage. Toujours est-il que je me sens rassurée d'une
certaine manière – au moins mes fils ne seront-ils pas
dans la jungle urbaine, ou ce qu'on appelle la nature.)
Je reviens à Émile Berthot, légèrement surpris par mon
attitude : « Excusez-moi, j'ai un problème d'enfants à
régler, je veux dire, avec leur père. » Pas mal comme
entrée en matière, moi qui voulais me montrer sous mon
visage simple-naturel-normal-sans problèmes, afin d'effacer l'arrière-goût du SMS originel. « S'il y a un souci,
je vous en prie, prenez cinq minutes. » « Non non, tout
est réglé, une urgence de dernière minute. » « Alors
entrez, vous pouvez déposer votre manteau ici. » Il
m'indique un portemanteau alors que j'étais à deux
doigts de le jeter sur le canapé (Émile Berthot serait-il
maniaque ?). « Asseyez-vous, j'ai pris quelques notes. »
Ma concentration est au degré zéro, ce qui est préférable

au moins trois (je suis capable d'atteindre des sommets dans le négatif). Nous nous installons devant le texte raturé, souligné, travaillé d'une petite écriture serrée et dense. Émile Berthot a vraiment lu mon texte, à moins d'avoir apposé quelques pattes de mouche pour me le faire croire. Mais à la première relecture, je m'aperçois qu'il n'y a aucune supercherie : Émile Berthot sait lire, et il sait travailler, et il a pris mon texte à bras-le-corps, et il l'a transformé. Je lève les yeux sur lui, presque étonnée qu'il puisse m'apprendre quelque chose. Ça l'inquiète : « Si vous n'êtes pas d'accord, vous êtes l'auteur, à vous le dernier mot ! » « Non mais... non mais je suis tout à fait d'accord ! Vous avez raison, là, ça ne fait aucun doute. » Je m'emballe, prête à trahir ma propre prose – en réalité je ne la trahis pas : il a EFFECTIVEMENT raison.

Je ne pourrais expliquer à personne pourquoi « ce koala malin » plutôt que « ce malin petit koala » m'émeut à me fendre l'âme, mais Émile Berthot et moi nous comprenons sans passer par la glose. Nous nous comprenons si bien que notre déjeuner semble désormais parfaitement inutile, sauf que mon ventre commence à gargouiller, ce que, sans vouloir le souligner, il entend manifestement puisqu'il me demande si j'ai faim. « J'ai réservé chez un bon italien à deux cents mètres d'ici. » Comment savait-il que les antipasti accompagnés d'une burrata étaient mon entrée préférée ? Quel rapport y a-t-il entre un italien et l'ordonnancement des mots ? Un rapport qui lui semble évident,

*Jour 8*                                                                     185

à lui, un rapport entre nous qui nous semble évident.
Nous sortons du cocon pour affronter le vaste monde,
froid, pluie, foudre s'il le faut, que nous importe. Nous
plongeons dans le restaurant surchauffé, qui sent l'ail et
l'huile d'olive. Émile Berthot commande pour nous
deux un assortiment d'antipasti et de fromages. Ainsi
qu'un petit vin blanc pétillant de la maison. Nous nous
taisons. Je n'ose lever les yeux sur lui, mais il va croire
que je regarde encore mon portable, alors que je l'ai
oublié, si ce n'est pour songer qu'il va croire que je ne
l'ai pas oublié, ce qui est une façon en effet de ne pas
l'oublier. « Tout va bien ? Le problème avec vos
enfants ? » « Le problème avec mes enfants, c'est leur
père. » Émile Berthot attend. Je ne profite pas de l'ouverture, il n'est pas mon psychanalyste ni ma meilleure
amie, mais mon nouveau directeur de collection. « Leur
père est compliqué, omniprésent, hypocondriaque, et
défaillant en tant que père », mes bonnes résolutions
volent en éclats – ainsi de l'alcool que je m'étais promis
de ne pas boire à midi. Je bois cul sec un premier verre.
Et me ressaisis. « Mais ce n'est pas très intéressant. Ma
vie n'est pas très intéressante. » « Ça dépend pour qui. »
Il me coupe net. Je le regarde, des points d'interrogation
dans les yeux, me demandant à qui il fait référence :
pour qui cela serait-il en effet intéressant ? Je ne vois
personne. Au bout d'un moment, une lumière commence à se faire jour en mon esprit : il semblerait que
ma vie l'intéresse, lui, Émile Berthot, mon nouveau
directeur de collection. Je prends alors conscience que
je ne sais rien de lui, qu'il ne m'est même pas venu à

l'esprit de l'interroger, que je suis tellement préoccupée de moi-même et de mes manquements que j'en oublie *l'autre*. « Et vous ? Votre vie ? Moi je ne sais rien... » « Oh, ce n'est pas exaltant. » « ??? » « Un divorce il y a deux ans, je n'ai pas d'enfants, j'ai un joli appartement dans lequel viennent échouer des auteurs dépressifs, je ne fais pas de sport. » Pour une information, c'en est une : « Des auteurs dépressifs ? Ce sont les seuls qui ont droit de cité ? » « Non », répond-il en souriant, « Mais enfin ils prennent de la place » « Vous faites une sélection ? Une sorte de QCM en dépression ? Parce qu'à ce compte-là, vous pourriez loger du monde » « Oui, j'ai quand même quelques critères » « La TS ? Le nombre d'anxiolytiques ? » « Le degré de sympathie. Je ne fais pas entrer n'importe qui chez moi. Et aussi le degré de talent. » « Je vois. C'est une sorte de clinique pour génies ? C'est un peu élitiste non ? » « Disons que c'est chez moi. Et que quitte à m'entourer de dépressifs, autant que je les apprécie. » « Autrement dit, si je passe un jour la porte d'entrée, je pourrais m'estimer suffisamment déprimée et peut-être aussi un peu talentueuse pour avoir droit à une nuitée ? » « Vous c'est différent. Dépressive ou pas, ça ne sera pas un critère de sélection, c'est promis. » « Alors c'est quoi ? Ma prose ? » demandé-je dubitative. « Non plus, même si je l'apprécie, je vous l'ai déjà dit. » Je n'ose continuer, car honnêtement, je ne vois pas. Disons plutôt que je perds mes moyens. « Si vous êtes la bienvenue chez moi, c'est pour une raison tout à fait inusitée, voire anormale,

*Jour 8* 187

et qui m'inquiète moi-même. » « Une nouvelle pathologie ? » « Si vous estimez que l'attirance en est une,
alors oui. » Le mot est lâché. Les poux soudain se
défoulent. Je voudrais prendre fourchette et couteau
pour déchirer mon cuir chevelu en lambeaux. Ça me
gratte de partout, les cuisses, les chevilles, les doigts de
pieds, et le dos. Mais impossible d'y accéder. Aussi
imité-je les vaches, me frottant contre le siège pour
assouvir cette démangeaison subite. Émile Berthot
sourit. Il me faut répondre quelque chose : « En effet,
c'est bien une forme de pathologie. » « Qui peut se
révéler être une maladie sérieuse. » « Et si tel n'est pas
le cas, vous pourrez toujours me reléguer chez les
dépressifs, mon médecin vous donnera un certificat. »
« Je n'ai pas besoin de garantie, je ne vois pas comment
douter de son propre désir. » « Ah bon, vous ne voyez
pas ? Moi je peux vous expliquer les stratégies. » « Si
vous pouviez éviter de les utiliser cette fois. » « Mais je
ne sais pas comment faire autrement. » « Alors faites-
moi confiance. » Et tandis qu'il profère avec assurance
ces dernières paroles, je vois son visage céder à celui
de Kaa, le serpent du *Livre de la jungle*, et l'entends
me répéter en boucle « Aie confiance », ce qui aussitôt
me décide à lui céder, abandonnant mes résistances : à
Kaa le serpent on ne résiste pas. Peu importe la suite
de l'histoire, et si Mowgli préfère retourner chez les
êtres humains, moi je penche pour les serpents.

Émile Berthot règle la note, me tend mon manteau et
me prend par le bras. Je tremble, j'ai froid, chaud, mon
corps se révolte de ma timidité, mais je n'arrive pas à

articuler une parole. Mon portable est oublié dans ma poche, je n'en comprends même plus le pouvoir d'attraction. Après quelques pas, et dans une ruelle peu fréquentée, Émile Berthot s'arrête, se tourne vers moi, et me regarde avec une tendresse dans les yeux qui fait fondre tous mes muscles. Il avance son visage vers le mien, et c'est moi qui l'embrasse. Je ne suis plus qu'une bouche, des lèvres, une langue, nous nous dévorons, comme affamés par trop d'abstinence – pour ma part réelle, pour la sienne, je n'en sais rien, mais on ne triche pas avec un baiser. Nous reprenons notre souffle, mais c'est pour à nouveau nous engouffrer l'un en l'autre, une pénétration réciproque, que mon professeur à la fac de lettres aurait nommée métonymie. Mon corps est tout entier dans mes lèvres, je me liquéfie, le désir défait toutes les peurs, les doutes, les petites hontes, il n'y a plus rien entre nous qu'un élan de fusion et de possession. Mais nous sommes dans la rue, des naufragés urbains, des SDF de l'amour. Des gens heureux. Émile Berthot observe sa montre : « J'ai un rendez-vous dans une demi-heure au bureau. Je peux faire attendre, viens. » Et il m'emmène dans l'hôtel le plus proche, prend une chambre, me fait monter. Dans l'ascenseur nous nous observons, silencieux, graves soudain, tendus par une force libérée à la faveur d'un miracle. Lorsqu'il ouvre la porte de la chambre, cependant, j'hésite. La peur l'emporte sur l'envie, je me vois dans ce lieu anonyme, avec un homme que je connais à peine, à qui je vais livrer mon corps sans avoir signé de contrat, un homme puissant qui peut-être est un habitué de ce petit

*Jour 8*                                                                    189

hôtel, et des aventures passagères, un serial-killer, un sadique, un nymphomane. Oui, mais le nymphomane me plaît : sa voix, son odeur, ses yeux de labrador. Il n'est pas beau, mais c'est une question de peau.

« Entre », me dit doucement Émile Berthot. J'obéis. Mais la réticence s'est immiscée, je redeviens gauche, mes gestes n'ont plus la même fluidité que tout à l'heure. Il me prend par la main, me fait asseoir sur le lit : « Tu as peur ? » Émile Berthot sait y faire. Je hoche la tête. Il me caresse les cheveux, puis le visage, le prend entre ses mains, et m'embrasse plus doucement cette fois. « Nous ne sommes pas obligés », mais comme il dit cela, mes résistances cèdent à nouveau. Non nous ne sommes pas obligés, mais pourquoi pas, qu'ai-je à y perdre, pourquoi se mettre en travers de l'évidence de l'instant ? Pourquoi convoquer à cette minute même José, Aïcha, le repas du soir, et le lave-vaisselle ? Prenant sur moi pour chasser ces intrus, je pose à mon tour la main sur son torse, qu'il a poilu. Il me regarde faire, sans bouger. J'ôte un à un les boutons de sa chemise, décidée à redevenir maîtresse de ma vie. Il me laisse prendre le contrôle, je pose ma tête contre sa poitrine, puis son ventre, je le respire. Il me déshabille à son tour lentement, et s'allonge contre moi, avec une douceur extrême. Mes tremblements ne peuvent lui échapper ; pourtant, lorsque nous sommes nus tous les deux, l'un contre l'autre, le désir violent reprend ses droits. Nous nous dévorons, nous nous collons, nous nous pénétrons, et des mots d'amour surgissent, ceux que je n'ai plus prononcés depuis mon adolescence, les mots qui accompagnent, les mots qui disent, les mots qui sont l'amour, et qui demeurent tapis quand le désir est absent, remplacé par une amitié amoureuse, un autre sentiment, celui que j'avais pour José, et qui jamais ne pouvait s'énoncer, enracinant la frustration, ravivant la castration – notre lien était fait de culpabilité, de douleur et d'arrangements, de sadisme, de masochisme, de tout ce qui verrouille, notre lien était une dépendance où le désir n'avait pas de part. Mais le désir cette fois est là, puissant et meurtrier, dans cette chambre d'hôtel, avec un homme dont je ne sais encore si j'apprécie l'esprit, les qualités humaines, mais que mon corps a reconnu. Il est là qui me rappelle que je suis vivante. Il est là qui me réveille d'une trop longue léthargie, à l'intérieur de laquelle un lave-vaisselle prend l'importance d'une tragédie, à équivalence avec un SMS, un manteau Bash, une date de vacances, un découvert, une coupe de cheveux. Il est là qui me sort du vide pourtant saturé de détails et d'angoisses, il est là qui me redonne une forme féminine, non plus mère, non plus fille, mais *femme*. Il est là qui me libère de moi-même. Des larmes coulent sur mes joues (décidément, mais aujourd'hui elles n'ont plus la même texture), Émile Berthot les lape comme un petit chat, il m'embrasse les yeux, le nez, la bouche, le sexe, nos corps exsudent un liquide fait de transpiration, de salive, de sperme, un liquide de vie.

Pourtant, il faut se lever, se séparer, rentrer chacun chez soi, retrouver ses meubles, son ordinateur, ses factures, ses horaires et son oreiller solitaire. Attendre. Que l'autre rappelle. Que l'autre donne signe de vie.

*Jour 8*

Que l'autre se libère. Et creuser un espace hors du temps quadrillé, hors des habitudes, hors d'une vie déjà établie, occupée par d'autres. J'ai le temps d'y réfléchir pendant qu'il prend sa douche. Tant que je suis dans cette chambre, je suis protégée – mais après. Je n'ai pas confiance en ma solitude. Sur le pas de la porte, Émile me prend la main. L'embrasse. Va-t-il me quitter, en me promettant de me téléphoner un de ces jours ? Va-t-il m'abandonner, me laisser seule, redonner sa place centrale à mon téléphone ? Mais il m'entraîne vers la sortie : « Nous n'avons pas eu le temps de travailler. Trouve un moment dans la semaine pour revenir au bureau, demain ou après-demain. Même le soir. » Je fais oui de la tête, incapable de prononcer un mot, saisie par l'angoisse de la perte. Il prend à nouveau mon visage entre ses mains : « Merci, mais te quitter devient impossible. » Ses mots, ses mots pansent, je souris timidement, et m'en retourne vers le métro, transformée, persuadée que les autres le voient, que le sexe est partout présent sur mes traits illuminés. Le fait est que l'on me regarde, comme si j'étais belle.

Je rentre chez moi, bouleversée. Dépose mes affaires. Vais toquer chez Aïcha pour voir si les enfants sont rentrés. Mais elle me dit ne pas avoir eu de nouvelles. Sans doute José aura-t-il remis à plus tard son scanner, et les ramènera-t-il à l'heure prévue. Je tourne en rond dans mon appartement, incapable de me poser, heureuse, puis désespérée, en manque, déjà. Mon portable vibre, un SMS : « C'était merveilleux de passer l'après-midi avec toi, dînons ensemble demain soir. » Mon cœur fait un bond, mais... demain soir, je ne peux pas ! J'ai mes enfants. « Demain soir, impossible, je peux m'arranger dans la semaine, dis-moi. » « Tous mes dîners sont pris, mais avant, après, au milieu de la nuit ou de la journée. » Nous nous envoyons une salve de textos dans un dialogue ininterrompu, sans contenu, mais avec cette joie libre de la phrase qui prolonge le corps, jusqu'à ce que les pas dans l'escalier annoncent l'arrivée de José et de mes fils.

Avec quelque appréhension – je sais que je vais devoir mettre en veille la brûlure, reprendre des habitudes, des gestes accomplis chaque jour –, j'ouvre la porte. José a son visage de colère. Il pousse les enfants dans la maison, et va pour partir sans dire un mot, mais il me regarde, et il voit. Il voit que quelque chose a changé, qu'un danger guette, qu'un couteau affûté vient de couper un fil. Il en prend acte, ses traits se tirent, ses yeux se chargent d'une haine nouvelle. « J'ai vu avec ta mère pour les grandes vacances. Elle est d'accord pour accompagner les enfants à Porto et rester quelques jours, comme ça ils viennent un mois. » José outrepasse ses droits. Il sait que les enfants sont invités une semaine chez leurs meilleurs amis dans les Landes, et s'en réjouissent. « Ce n'est pas avec ma mère que tu dois voir ça, mais avec moi. Tout est déjà organisé, il n'y a aucune raison de changer. » « Oh mais si il y a des raisons. Il y a la raison que je veux les avoir exactement le même nombre de jours que toi, et que je m'en fous de leurs copains. Si tu veux t'en débarrasser sur ton temps de garde, c'est ton problème ! Moi je

## Jour 8

m'occupe de mes enfants, c'est plus important pour eux d'être avec leur père qu'avec leurs copains. » Gabriel tente : « Mais papa ! On a déjà promis à Gaspard et Félix... » « On n'a rien promis du tout, c'est moi qui décide. » « Pourquoi tu parles de ça, là, maintenant ? C'est ta nouvelle lubie ? Je croyais que tu allais mourir d'ici là. » « Tu trouves ça drôle d'ironiser là-dessus ? Tu veux que je te montre les résultats ? » « Non merci. Mais s'ils sont vraiment alarmants, il n'est peut-être pas judicieux que tu gardes les enfants pendant un mois, ni d'ailleurs pendant les week-ends. » « Ah, c'est facile ça, la double peine ! Non seulement je suis malade, mais en plus à cause de ça, je n'aurais pas le droit de voir mes enfants ! » « Personne ne te l'interdit, mais ne viens pas foutre le bordel dans leurs vacances. » « Foutre le bordel ? Parce qu'être avec leur père c'est le bordel ? Non mais t'as vu ton salon ? Ta cuisine ? C'est *ça* que j'appelle le bordel ! Ta vie, un gros bordel ! » « On pourrait parler des vacances à un autre moment, non ? Je n'ai pas spécialement envie de discuter avec toi maintenant. » « Non, pas à un autre moment. Il faut prendre les billets, ils sont chaque jour plus chers. À moins que tu ne les payes... » « Écoute, tu m'emmerdes. On ne change rien. Quant à ma mère, je vais lui parler. » « Oh bien sûr, parle-lui à ta mère ! Tu verras ce qu'elle en pense de ta super organisation et de la façon dont tu élèves tes gamins. » « Il se trouve que je me fous de savoir ce qu'elle en pense, maintenant sors de chez moi. » La fermeté avec laquelle je prononce ces dernières paroles est nouvelle. José en semble étonné, il résiste encore pour la forme, mais par un étrange retournement, finit par obtempérer.

Tandis que je rassure les enfants sur leurs vacances à venir, mon portable ne cesse de vibrer : des messages furieux de José alternent avec des messages d'Émile. Grâce aux seconds les premiers ne m'atteignent pas, même s'ils créent en moi une tension qui m'empêche de dormir. Mais l'insomnie pour une fois n'est pas désagréable. Je me repasse en boucle l'après-midi passée avec Émile Berthot. Mon corps est heureux, tandis que mon esprit suffoque, des vents contraires l'agitent. Je me relève pour aller contempler mes enfants dormir. Je m'assieds entre les deux lits, en tailleur. Prends *Harry Potter* à côté du lit d'Adrien et commence à lire. Mais je ne parviens pas à me concentrer. Si les enfants partaient un mois, ça me donnerait du temps pour voir Émile... Mais je chasse aussitôt cette pensée en écoutant le souffle régulier de mes garçons endormis. Je vais dans le salon, allume mon ordinateur, et continue l'écriture de mon nouveau livre, éclairée par l'écran et les lampadaires de la rue de la Santé.

# JOUR 9

## *Extermination des avant-derniers ennemis*

Il pleut. Le ciel est bas comme pour nous offrir la bonne conscience de rester enfermés à la maison, voire dans la chambre, voire sous la couette, en regardant des films. Mais la bonne conscience va toujours trop loin, elle me rappelle la colonie de mutants qui a pris possession de nos têtes. Moi qui me réjouissais d'échapper au jardin public, je me retrouve à devoir faire la guerre à des insectes transgéniques dont plus aucun produit n'a raison – à croire que les laboratoires pharmaceutiques, en même temps qu'ils œuvrent pour trouver de nouvelles formules d'extermination (ou leur placebo), poussent plutôt leurs recherches du côté de la mutation génétique et des expérimentations frankensteiniennes afin de découvrir le secret de l'indestructibilité – et d'une certaine manière, ce sont ceux qui s'approchent le plus de la formule de l'immortalité depuis la mort de Dieu. Pouxit, le plus vain et le plus ingrat des chantiers, où il est notifié qu'il ne faut surtout pas toucher les yeux ni les lèvres, mais qui coule inexorablement du cuir chevelu sur le visage, sur les habits, sur les doigts, pour y laisser des taches indélébiles et nourrir l'hypocondrie d'une mère, balançant entre apprendrc à vivre avec des poux, ou risquer d'aveugler définitivement ses enfants.

Mais il y a eu *hier*. Il y a eu *hier*, et je décide de faire de cette traversée des enfers une fête. La première initiative est de choisir attentivement la *playlist* : ce ne sera pas difficile, j'ai besoin de retrouver mes fondamentaux après tant de bouleversements. « Melody Nelson » me semble une évidence. Les enfants connaissent les paroles par cœur et commencent à chanter, c'est notre credo, notre *ave maria*, notre « Notre Père ». L'émotion est palpable, ce qui me semble le bon moment pour leur annoncer le programme de la journée. Deux « Non !!! » fusent, mais je ne me laisserai pas abattre – ou bien je risquerais de me laisser envahir par *hier*, et me recoucher, un casque sur les oreilles. « Mais si, nous allons mettre la lotion, trois shampooings, et le peigne, oui le peigne, mais... mais... mais, ce sera devant... *Zarafa* ! » Le « non » se change en « hmmm... » peu convaincu. « *Zarafa*, et après... et après... *Charlie et la chocolaterie.* » « Mais alors pas le peigne. » « Si, tout. On va tout faire : laver les draps, les taies d'oreiller, les habits, la vie quoi ». Ce dernier mot m'a échappé, les enfants me regardent un peu inquiets. Je monte le son sur la platine : « *Elle avait de l'amour, Pauvre Melody Nelson, ouais, elle en avait des tonnes...* », ma voix s'infléchit : « ... *Mais ses jours étaient comptés, quatorze automnes, et quinze étés.* » Pauvre Melody. Mes enfants se concentrent sur la suite, ils savent que va arriver le mot de « petite conne », leur moment préféré,

*Jour 9*

la transgression acceptable parce que validée par Serge G., et nous hurlons ensemble : « *Oh ! Ma Melody, Ma Melody Nelson, aimable petite conne* » – la jouissance dans leur bouche, le petit rire qui suit, les yeux brillant d'une puissance entrevue. J'ouvre le flacon de Pouxit. Adrien et Gabriel chantent en chœur et en latin « *Tu étais la condition, sine qua non, de ma raison* », dansant maladroitement. J'asperge leur tête du liquide gras et puant, des gouttes tombent sur le plancher, et je frictionne leurs crânes en rythme. Quand la chanson s'achève, je me déplace vers la chaîne hifi pour changer de disque et mettre *Buffalo Bill*. Mes doigts sont graisseux, et j'attaque sur les chœurs ma propre chevelure. Une fois cette première étape achevée, nous voilà au milieu du salon, les cheveux relevés et coincés sous des sacs plastique. « Attendez les enfants, je nous prends en photo ! » J'en profite pour vérifier si un message m'attend, mais non. Je me remets vite de ma légère déception, et retourne à mes enfants, ma vie, les miens, cette bulle chaude, et sûre, et sereine, que je voudrais garder étanche le temps d'un samedi pluvieux, et graver dans l'écran de mon iPhone, pour me souvenir qu'il a eu lieu, ce moment de plénitude parfaite, d'amour sans trouble, de paix.

Gabriel veut regarder la photo. Une fois n'est pas coutume, je lui laisse mon portable, il en profite pour en prendre d'autres et nous affubler de moustaches – dernière application en date que j'ai téléchargée pour eux. Je frémis de voir mon fils avec dans les mains cet objet désormais trop intime et brûlant. Mais l'intimité, aujourd'hui, ce sont mes enfants. Je me prends à décider qu'il vaut mieux ne pas recevoir de messages, ils me perturberaient. Ma pensée de la nuit (un mois sans mes enfants, un mois de liberté, un mois de corps à corps) me revient comme une vague honte. « Ce sont eux que j'aime », me dis-je.

Je les attrape et les chatouille, les poussant doucement vers la salle de bains, ouvre le robinet de la douche et frotte énergiquement leurs petites têtes. Nous observons l'armée de cadavres tomber en même temps que l'eau et suivre le cours du ruisseau jusqu'à la bonde. Adrien essaie de les compter, mais ils sont trop nombreux, et nous éprouvons une jouissance à les voir se noyer en famille, en peuplades entières, en foule défaite, vaincue. Au loin j'entends, malgré les commentaires excités de mes fils, « *Charlotte, Charlotte forever, à jamais dans mon cœur* » et je continue de rincer, « *... Pitié pour moi mon cœur, Charlotte, Charlotte forever, tu as gagné je pleure* », ce qui ne se voit pas car je suis moi-même entrée sous la douche, charriant les insectes qui m'avaient tenu compagnie de si longues semaines, et peut-être émigré sur d'autres têtes – tiens, celle d'Émile Berthot ? Et au lieu d'abonder dans les larmes, je me mets à rire, oui à rire, sans plus pouvoir arrêter, ce pacte du sang malgré lui, transfusé incognito par une mère pondeuse. « Maman pourquoi tu ris ? », « Je ne sais pas », et leurs deux rires cristallins finissent par rejoindre le mien. Le sol de la salle de bains est trempé, mais qu'est-ce que ça peut faire ? Une grande

*Jour 9*

serviette enveloppe les deux petits corps que je frictionne avant de les installer dans le canapé devant les films promis. Tandis que la girafe fait son entrée, je passe précautionneusement le peigne dans leurs cheveux bruns et épais, sans qu'ils protestent – je pourrais faire ça des heures, coiffer mes enfants, observer la racine de leurs cheveux, caresser leurs boucles, des heures, et des heures, tandis que la pluie tombe, et que je la remercie de tomber.

Ils s'endorment au milieu du deuxième film. Je m'allonge à leurs côtés et ferme les yeux, les rouvre pour les observer, les referme et m'endors. Lorsque je m'éveille, je ne sais plus quelle heure il est, quel jour, et pourquoi nous sentons cette étrange odeur de détergeant. Tout me revient d'un coup : que nous ne sommes pas sortis, que je n'ai pas travaillé, que nous n'avons rien fait, ni exercice physique, ni jeux éducatifs, ni lectures, ni même les devoirs... M'emparant de mon portable avec l'espoir invincible d'y trouver un message, je découvre la photo que nous avons prise de nous trois, les sacs plastique sur la tête, et ne peux empêcher la vague d'attendrissement de me submerger. Nous n'avons rien fait, et c'était si bon.

# JOUR 10

## *Un repas de famille*

Je réveille les enfants en douceur sur *Joan Jett and the Blackhearts*, ce qui est une douceur toute relative. Incapable de rester enfermée une journée de plus, je leur propose une promenade au parc, où nous retrouverons sans doute leurs copains d'école. Leur capacité d'enthousiasme ne s'est pas encore éveillée, mais ils acquiescent d'un signe de tête, comme si rien n'était plus normal que je veuille leur faire plaisir. À la vue de mes trois pulls mes enfants s'étonnent : « Il ne fait pas froid, maman ? » « Je crois que je suis en train de tomber malade », dis-je sans mentir. Mes membres sont fourbus, mon cerveau est en ébullition, et ce soir c'est l'anniversaire de mon père.

Je tâche de tenir à distance cette échéance si proche : si je ne veux pas gâcher la journée qui m'en sépare, je dois faire un effort d'amnésie. C'est pourtant le cœur léger que je les lâche à la grille du parc Montsouris et que je m'extasie devant leurs acrobaties sur la toile d'araignée en corde, me demandant comment peut bien s'appeler cette chose. Sans doute pas une « araignée »

– alors comment ? Quels mots taper sur Google pour trouver une réponse ? « Araignée pour enfants » ? « Araignée en corde » ? Je crains que le terme d'araignée ne nous égare, d'autant que cela ne ressemble pas tant que ça à une araignée. Cette question qui en recèle d'autres perturbe légèrement ma bonne humeur, aussi me tourné-je vers une maman (qui se trouve être un papa, fort bien fait de sa personne), et lui demandé-je s'il sait comment s'appelle cette espèce de jeu sur lequel les enfants grimpent. « Lequel ? » me dit-il. En effet, différentes structures peuvent ainsi être désignées : à défaut de mots justes, je suis obligée de le lui indiquer, ce qui ne fait qu'accroître mon impuissance. Mais un toboggan et deux balançoires font écran. J'essaie alors de lui décrire : vous voyez, l'araignée en corde. Il cherche du regard, et j'en profite pour observer son profil. Que m'arrive-t-il en ce moment pour coup sur coup rencontrer les hommes que j'attendais ? « Ah oui, je ne sais pas, sans doute une araignée en corde. » Cette réponse qui aurait dû me laisser dans une colère insatisfaite m'émeut. « Il faudra que je vérifie. » Il me sourit, une fossette se creuse sur sa joue droite. Je n'y vois pas du tout un sourire de compassion, portée que je suis par ma nouvelle vie, et ce désir en moi éveillé et aux aguets. Je n'ose pas lui demander comment il s'appelle, mais c'est lui qui se lance. « Vous habitez par là ? » « Oui à deux pas, et vous ? » « Moi aussi, mais je ne vous ai jamais vue. » « Pourtant je viens régulièrement. » (Ce qui entre nous n'équivaut pas forcément à « souvent », on peut être régulier à raison d'une fois

*Jour 10*                                                    203

par an.) « On ne doit pas avoir les mêmes jours. »
« C'est quoi votre jour ? » « Le dimanche, une fois sur
deux. » J'en déduis qu'il est séparé, garde ses enfants
un week-end sur deux et peut-être un jour dans la
semaine, mais demeure un bon père, quoiqu'un homme
libre, puisqu'il se coltine le parc. « Alors nous ne
devons pas avoir les mêmes week-ends, moi aussi j'en
ai un sur deux. » « Ce qui veut dire que cette fois est
l'exception ? » Sa présence d'esprit m'intrigue : « Non,
le un sur deux n'est pas très régulier. » Sa fille accourt,
pour lui demander de la regarder. « Mais je te regarde
ma chérie » « C'est qui ? » Je remercie intérieurement
la fillette de poser la question que son père n'a pas
encore osé formuler. « Une maman, comme moi !
Enfin, comme moi je suis ton papa... » et se tournant
vers moi, « Où sont vos enfants ? », ce qui ne me laisse
pas le temps de réagir, alors qu'étrangement, cette
confusion me déstabilise. « Là-bas, dans l'araignée à
corde », ce qui nous arrache un deuxième sourire syn-
chrone, et crée indéniablement un début d'intimité. Mes
fils arrivent à leur tour. Ils ont faim. Ne désirant pas
briser ce moment de grâce, ni l'éterniser, car je sais
de source sûre qu'un moment de grâce et l'éternité sont
incompatibles, je me lève et lui tends la main. « Au
revoir alors, moi c'est Joséphine » « Maxime », me
répond-il, souriant. « ... à la prochaine ! » Et nous nous
dirigeons jusqu'au kiosque à gaufres. Je me retourne
pour voir s'il me regarde, mais je ne vois que son dos.
Peu importe, le cours de la chance remonte. En rentrant,
je me demande pourtant pourquoi je ne lui ai pas

proposé de partager une gaufre avec nous. Sans doute aurait-il accepté, qu'a-t-il d'autre à faire un dimanche matin, seul avec sa fille ? Elle doit avoir l'âge de Gabriel, ils seraient devenus amis, nous serions tous remontés chez moi pour un déjeuner sur le pouce, aurions échangé adresses mail, numéros de portables et regards entendus. Qu'est-ce qui m'a arrêtée ? Tandis que mes enfants s'affalent sur le canapé et jouent à la Wii (avec laquelle j'ai fait la paix cette semaine), je procède à un examen de conscience et m'avoue, un peu confuse, que la place semble prise et bien prise. L'inconnu du parc est arrivé une semaine trop tard.

Je finis devant la Wii avec mes enfants, à jouer une partie de tennis effrénée. Il est vrai que je me sens mieux après. Nous avions besoin d'un défouloir pour affronter la soirée. C'est que la séance d'habillage commence. Ma mère déteste que mes enfants soient « mal fagotés », comme elle me le reproche incessamment, leur offrant des vêtements affreux qu'ils ne mettent jamais, excepté les soirs où nous allons dîner chez eux – au moins n'ai-je besoin ni de les laver ni de les repasser, ils sont comme neufs. Mais elle ignore le temps de persuasion, de caresses, de discussion, de compromis, et pour finir de cris que prend la négociation. Elle ignore aussi combien me coûte à la fin l'opération – cinq euros par enfants pour qu'ils acceptent de se déguiser. Je ne fais pas mes comptes, mais il est fort possible que la dîme qu'ils prélèvent pour l'incommensurable risque qu'ils prennent de croiser leurs copains équivale à de jolis jeans et pulls

*Jour 10*                                                                    205

que j'aurais pu acheter sur laredoute.com, pour leur plus
grand bonheur. Leur argent passe en Pokémon, ce qui
est un investissement douteux, mais sur lequel je n'ai
plus voix au chapitre : c'est notre argent maman, on en
fait ce qu'on veut. Cette cagnotte, je l'avoue, est parfois
augmentée quand, à court d'arguments, je sors mon
porte-monnaie pour qu'ils finissent leur dictée. Contre-
balançant mes aveux de faiblesse par de grands discours
sur la corruption. Je me console en me disant qu'ils
apprennent ainsi les stratégies de la vie, et font la part
entre la théorie et la pratique, ce que tout enfant de leur
âge n'est pas forcément à même de comprendre. Eh
puis zut ! Mon autorité a ses limites, voilà.

La bataille se déroule fidèlement à l'habitude, mais
aujourd'hui j'économise dix euros – toujours ça de pris
pour mon lave-vaisselle. C'est que ce soir c'est excep-
tionnel, vous pouvez bien offrir ça à votre grand-père !
L'argument est biaisé, car mon père se fiche totalement
du look de ses petits-enfants. Néanmoins, le dommage
collatéral des reproches de ma mère en sera évité
– exprimés en quelques phrases lapidaires, murmurées
apparemment pour elle-même, mais qui ne s'énoncent
qu'à proximité d'une oreille réceptive, en l'occurrence
la mienne, me mettant dans un état d'agacement percep-
tible, qui attriste mon père, le fatigue, d'une fatigue si
vieille qu'elle a fini par faire partie de lui, mais à
laquelle il n'a jamais songé mettre fin en exigeant clai-
rement et distinctement l'arrêt des hostilités, en tapant
du poing sur la table, et en disant une bonne fois pour
toutes à ma mère ses quatre vérités (il y en a plus, mais

n'exigeons pas non plus qu'il fasse un inventaire), en faisant entendre sa voix, sa voix de père, d'homme fort, raisonnable, de représentant de l'autorité, de la loi, de sage respecté de tous. Non, mon père s'est réfugié dans le silence, renonçant à la sagesse, au respect et à la raison, laissant libre champ à l'autoritarisme arbitraire et tout-puissant de ma mère.

Je m'habille moi-même de manière soignée, sans ostentation, mais cette simplicité est plutôt adressée à mon frère, pour lui signifier que c'est la dèche, et que ce manteau Bash qui sera ma part au cadeau commun, mon sacrifice devant l'autel, mon deuil, il le vole bel et bien, ce dont il n'aura aucun scrupule, je le sais, mais il n'est jamais inutile de tenter la culpabilisation.

Nous partons tous les trois, en nous donnant la main. Mes fils sentent mon anxiété, et me témoignent silencieusement leur soutien. J'ai envie de les embrasser, de les dévorer, de pleurer de reconnaissance, mais deux manifestations excessives de mon amour en deux jours les inquiéteraient plus qu'autre chose, alors je m'abstiens. Nous attendons le bus au moins dix minutes, ce que je ne supporte pas, préférant marcher tout au long du chemin plutôt que de dépendre d'un transport collectif, mais les chaussures de Gabriel lui font mal, et Adrien joue sur mon téléphone portable à un jeu qui semble exiger une position assise, du moins immobile. J'ouvre le livre d'un auteur qui publie dans la même collection que moi, et lis avec Gabriel, assis contre moi, tandis que l'arrêt de bus se remplit au fur et à mesure. Nous rions ensemble, mais est-ce vraiment des mêmes choses ?

*Jour 10*

Je lui demande ce qui le fait rire, il me l'explique : c'était bien la même chose que moi. J'admire silencieusement le sens de l'humour si précoce de mon fils. Adrien nous demande ce qu'il y a de drôle, on le lui explique de conserve, lui aussi se met à rire. Le bus arrive enfin, nous nous serrons à nouveau tous les trois en tenant la barre métallique. Moment de paix avant l'enfer familial. Mais qui sait, peut-être ce repas sera-t-il joyeux. Et s'il ne l'est pas tant pis. À vingt-trois heures nous serons au lit.

Mes parents habitent dans le XIIe arrondissement excentré et mal desservi, du moins depuis chez moi. Pour avoir le moins de changements possibles nous devons longer les boulevards extérieurs, embouteillés par les travaux du tramway. Aussi avons-nous pris de l'avance pour arriver à l'heure. Mais j'aime ce paysage d'entre-deux, cette ceinture qui coupe la ville d'une zone incertaine, cette ouverture sur on ne sait quoi, qui clôt on ne sait quoi. Il fait nuit, Gabriel et moi observons ce qu'il se passe derrière les fenêtres, parfois nous chuchotons « Regarde la femme là-bas, elle nous observe derrière sa vitre ! », « Tu as vu la déco, ça a l'air sordide dans cet appart... » Nous commentons, nous rêvons – mon fils a la même manie voyeuriste que moi.

Nous montons les étages à pied, car l'ascenseur est trop petit pour trois, et nous avons l'instinct grégaire. Ma mère a dû nous entendre car elle ouvre la porte avant que nous arrivions, essoufflés (je sais que c'est elle, je reconnais ses gestes aux bruits qu'ils font). Elle embrasse ses petits-fils en les serrant trop fort – ça m'agace – puis me fait une rapide bise sur la joue, en réalité dans l'air puisque rien ne se pose sur ma peau, ni ses lèvres ni sa joue à elle, je ne ressens qu'un souffle provoqué par le mouvement de sa tête et de ses cheveux permanentés, c'est le seul goût de ses baisers, depuis que je suis adolescente. Il me semble qu'enfant, elle faisait plus d'efforts, ne serait-ce que pour donner l'illusion d'une égalité entre mon frère et moi.

Mon père a mis sa tenue de gala, j'en suis émue comme à chaque fois. Je sais qu'il a aveuglément obéi aux ordres de ma mère, mais qu'il n'en est pas pour autant marri, ce soir du moins, jour de ses soixante-dix ans. Il est petit, rabougri, la retraite n'a pas été pour lui synonyme d'épanouissement – et pour cause, le tête-à-tête s'est alors imposé – mais il garde une certaine élégance dans son désir d'être élégant. Ce soir il reçoit sa famille, la preuve d'une réussite très nuancée, mais présente en chair et en os. Mon père m'embrasse, lui, sans hésitation aucune, il me serre même contre lui. Avec une certaine pudeur il est vrai, mais dans un élan qui ne trompe pas. Nous ôtons nos manteaux, les accrochons dans l'entrée, et passons au salon où mon père débouche une bouteille de champagne, tandis que ma mère sert à mes enfants des jus de fruits. Tout en tendant un verre à Adrien, elle me dit incidemment « j'ai invité José. Il nous a appelés tout à l'heure pour souhaiter bon anniversaire à ton père, j'ai trouvé ça correct ». C'est comme un uppercut reçu en plein visage. Je me fige au même moment où Adrien

*Jour 10*

s'esclaffe, joyeux, mais où Gabriel me regarde avant de se sentir autorisé à exprimer sa joie. Ce qu'il y voit doit le laisser circonspect étant donné qu'il n'émet aucun commentaire. Mon père, gêné, se lève pour aller chercher des amandes et des pistaches à la cuisine. Je les mange compulsivement, glacée de l'intérieur, prête à exploser. Mais alors pourquoi n'explosé-je pas ? Ma mère ne me demande pas mon avis ni ne s'excuse. C'est un simple fait, à rang égal avec l'incident de la boulangère qui lui a fait payer deux fois le gâteau, et qui ne voulait pas en démordre – Dieu merci, ma mère a eu gain de cause en faisant appeler la patronne. De la glaciation polaire qui s'est emparée de mon corps, je passe à la chaleur sahélienne, me lève pour aller à la cuisine, ce carrefour stratégique de l'appartement, et me passe le visage sous le robinet. J'attends que mon père me rejoigne, comme je sais qu'il en a le désir, mais comme d'habitude, il n'en a pas le courage. Ma mère se garde bien de me rejoindre, elle. Je suis piégée, impossible de faire une scène devant mes enfants, heureux de ces retrouvailles familiales. Impossible aussi de faire comme si. Je voudrais tant que mon frère arrive avant mon ex-mari. Lui téléphoner peut-être ? À quoi bon, il a dû éteindre son portable pour éviter tout harcèlement maternel, ayant déjà prévu *son* retard et *ma* couverture.

Pourtant cette fois, je n'arrive pas à prendre sur moi, et me dirige droit sur ma mère : « Pourquoi tu as fait ça ? » chuchoté-je dans l'espoir que mes enfants n'entendent pas. « Fait quoi ? » Elle joue à l'idiote. « Tu

n'as pas à inviter José sans me demander mon avis »
« C'est chez moi jusqu'à présent, et la rupture est trop
fraîche pour priver les enfants de ces retrouvailles familiales » « Tu n'as pas à en décider. Si ce n'était pas
l'anniversaire de papa je partirai sur-le-champ. » « Mais
justement c'est l'anniversaire de papa, tout le monde
doit faire un effort. » Je la hais à un point inexprimable,
j'ai des envies de meurtre. Si je ne venais pas de rencontrer un homme qui me rappelle que ma vie a la possibilité de continuer – même s'il me rappelle aussi que
je suis folle – je me serais tue, comme toujours. Mais
forte d'une énergie nouvelle, je lui rétorque : « C'est la
dernière fois que je viens avec les enfants, la dernière ! », promesse qu'elle ne prend pas en compte, si
j'en juge à son haussement d'épaules. Aussi réitéré-je :
« La dernière, tu m'entends ! Tu pourras voir tes petits-
enfants, et moi je verrai mon père, mais nous deux, c'est
fini (même si ça n'a jamais commencé – ça je le garde
pour moi) » « Oh ça va, ne me fais pas une scène quand
même ! » Et c'est vrai, j'ai l'impression d'un dialogue
hollywoodien entre deux amants. Pour une fois cependant
le sentiment du ridicule ne l'emporte pas : « Écoute
maman, j'en ai assez, plus qu'assez que tu t'immisces
dans ma vie comme ça sans jamais me consulter ! Tu
vas gâcher ma soirée. Compte sur moi pour gâcher ta
relation avec la moitié de ta progéniture. Quant à Pierre,
fais-moi confiance pour lui expliquer ce que j'en pense,
et pour arrêter de le couvrir, car si tu crois qu'il va
arriver à l'heure, tu te trompes ! Les pédopsy ne travaillent pas plus que les autres le dimanche ! » Cet

*Jour 10* 211

argument a l'air de la toucher. Elle hésite, mais se reprend. « Ne sois pas ridicule. Tu peux quand même faire ça pour ton père. » « Mon père n'en a rien à foutre » – je commence à devenir vulgaire – « ... et tu fais chier tout le monde depuis des lustres, alors pour lui je reste, mais juste ce soir. Je sais, ça ne serait pas une grande perte de ne plus me voir, eh bien tu vas être soulagée à jamais. » Ma mère est un peu ébranlée par la violence du ton auquel elle n'est pas habituée, peut-être même serait-elle à deux doigts de se fâcher si elle n'avait pas l'infime conscience d'avoir exagéré. Pour autant elle ne fait pas amende honorable – ce ne serait plus ma mère. Mon père quant à lui a bien saisi l'impair et l'ampleur de ma colère. Il temporise en s'occupant de mes fils, ce qui en l'état me soulage. Je reviens au salon, pour mettre un terme à la conversation, et m'assieds près de mes garçons, déconfite. On attend peu de temps avant d'entendre l'ascenseur se mettre en marche. J'ai un sixième sens pour reconnaître mon ex-mari, et même s'il y a huit étages dans l'immeuble, multiplié par quatre appartements à chaque étage, je sais que c'est lui qui est en train d'arriver, le traître, le lâche qui n'a pas immédiatement répliqué à ma mère « Mais il n'en est pas question Geneviève, je vous remercie de votre invitation perverse et dégueulasse, mais je n'entrerai pas dans votre névrose familiale et moins encore dans votre névrose personnelle ! Vous êtes une grosse salope et même si j'en veux à votre fille et la ferais volontiers chier, j'ai deux garçons avec elle, et ne serait-ce que pour eux, cette proposition est une pure vacherie ».

Non, il n'y a pas pensé, ou s'il y a pensé, il a choisi de faire le contraire pour les mêmes motifs, exactement les mêmes que ma mère avait en l'invitant.

José prend son air bien élevé, intimidé par la situation, l'air de celui qui ne veut pas déranger, mais fait un effort charitable pour que la famille soit au complet, l'air de quelqu'un qui prend sur lui, conscient que sa place est délicate, mais la raison familiale avant tout, l'air d'un type qui se garde bien de me regarder, fier de sa goujaterie et de leur immonde manigance. Mes enfants lui sautent au cou. À cet instant, tout son corps observe ma réaction : il n'a pas besoin de lever les yeux sur moi, chacun de ses gestes m'est destiné. Il est beau l'amour paternel qui se met en scène. Elle est belle la famille au complet quand les seuls membres véritables préfèreraient ne pas être là, et ceux qui n'en font plus partie se régalent de la mascarade. Après ces effusions, il me jette un rapide bonsoir, je le lui rends du bout des lèvres, devant mes deux garçons soudain extrêmement attentifs à la façon dont l'échange va se dérouler. Ils en sont pour leurs frais, le minimum sera dit – je n'ai pas beaucoup d'autres ressources que le mutisme. Et leur joie de nous voir réunis me fait mal. Ma mère les couve d'un regard victorieux, comme pour me dire « Tu vois, j'ai raison, essaie un peu de faire plaisir à tes fils, sacrifie-toi pour une fois, toi qui n'as de cesse de tout détruire, de tout critiquer, de n'en faire qu'à ta tête ». Ce discours je le connais par cœur, c'est celui qui a bercé mon adolescence. Il a fini par me

*Jour 10* 213

définir sans que j'en aie jamais compris l'origine, il me semblait être très exactement le contraire : vouloir construire, m'abstenir de critiquer, obéir comme une gentille fille, bref, j'ai passé ma vie à essayer de faire plaisir à ma mère, mais sans doute n'ai-je pas trouvé la manière. Aujourd'hui, je décide d'inaugurer une autre méthode : faire l'inverse, ou plutôt faire exactement ce qu'elle me reproche, et peut-être dans ce jeu de miroirs trouverais-je enfin grâce à ses yeux, du moins mériterais-je sa mauvaise humeur, c'est toujours mieux que sa mauvaise foi. Sa vision de moi s'appliquerait bien mieux à la conduite de mon frère, que par miracle elle justifie avec l'art consommé des docteurs de la loi, capables de choisir et d'interpréter les textes au profit du pouvoir en place. Elle a décidé une bonne fois pour toutes qui étaient ses enfants, et il est difficile de s'extraire de la décision d'une mère, à moins de cesser d'être un enfant, mais ça, c'est encore une autre histoire.

Ma mère discute avec José en lui faisant les yeux doux. Son ton complaisant est une insulte, elle minaude comme si elle avait vingt ans, et qu'elle pouvait emballer l'ex-mari de sa fille une fois la petite sauterie terminée. L'autre joue le jeu avec coquetterie, ramasse les lunettes qu'elle a négligemment fait tomber, les essuie sur sa chemise, et les lui remet sur le nez « comme au bon vieux temps », entends-je ma mère dire. Bientôt elle aura les larmes aux yeux, et José sortira son mouchoir. Ces deux-là sont ridicules qui excluent mon père assis sur son canapé et rendu au silence – un silence où se loge sans doute la désapprobation, mais qui le saura vu qu'aucun mot sortant de sa bouche ne le confirmera. Gabriel et Adrien font des aller-retours entre leurs deux parents, dans l'espoir désolant de les réunir non seulement ce soir mais pour le restant de leurs jours. Je suis contrainte de leur résister, avec remords certes, et une colère qui risque de me pulvériser sous peu.

Dieu merci on frappe à la porte. Pierre va me sauver, va nous sauver tous de la débâcle. De fait, l'atmosphère s'allège d'un coup. Grand, séduisant, drôle, mon frère salue tout le monde en s'excusant de son retard : « Une urgence de dernière minute. » Ma mère le plaint. Avec une virtuosité qu'elle a dû emprunter à Jim Carrey, elle arrive à faire tomber ses yeux comme ceux d'un labrador – et cette comparaison me coûte au vu de l'amour que je portais à Balou (amour réciproque). « Mon pauvre chéri, même le dimanche, ils ne peuvent pas te laisser cinq minutes tranquille, tu travailles trop, tu te donnes trop, faudrait que tu songes à te reposer. » J'accompagne la diatribe d'un « blablablabla et blabla-blabla » intérieur, Pierre me fait un clin d'œil, mon père n'est pas dupe et sourit, ce sont les moments d'union familiale : tous les trois contre la mère, mais en silence. Quand il découvre José, Pierre s'exclame : « Mais t'es là toi ? » avec un naturel qui crève l'abcès, exigeant une justification aussi minime soit-elle. José en est gêné, enfin, je respire. « Oui ta mère m'a invité. Ça me faisait plaisir d'embrasser Régis, on a quand même fêté quatorze anniversaires ensemble, je ne pouvais pas manquer ses soixante-dix ans. » Non bien sûr, excuse-moi,

*Jour 10*                                                                215

j'aurais dû attendre les soixante-dix ans de mon père
pour te quitter, l'évidence m'avait échappé : au bout de
quatorze ans, il va de soi qu'on se doit de fêter les
anniversaires tous ensemble, d'autant plus qu'il a fallu
t'y traîner chaque année, et qu'à la séance houleuse
d'habillage des enfants s'ajoutait, comme un passage
obligé, le traditionnel pugilat dont je me serais néanmoins dispensé cette année – mais je m'aperçois qu'il
est juste différé grâce aux soins et à la prévention
maternels. Pierre réplique : « Très bien, très bien », et
glissant vers moi « Comme ça il pourra participer au
cadeau, tu as une chance de sauver ton manteau », ce
qui me fait sourire – mais je ne me fais aucune illusion,
il faudrait déjà qu'il paye sa pension. Mais José profite
du moment de flottement pour sortir de son sac un
cadeau emballé et volumineux, nous coupant tous
l'herbe sous le pied étant donné que nous voulions
réserver notre propre surprise pour le dessert. « Voilà
Régis, c'est une petite chose, disons un symbole. » Ma
mère lui prend le cadeau des mains et le pose devant
son mari, en se désolant « Mais enfin, José, il ne fallait
pas vous ruiner, on sait tous que c'est difficile en ce
moment... Régis à son âge n'a besoin de rien ! » Difficile pour qui ? ai-je envie de hurler. Et puis si Régis
n'a besoin de rien comme le prétend ma mère, il n'a en
effet certainement pas besoin d'une locomotive miniature
de collection qui a dû coûter les yeux de la tête au père
de mes enfants, c'est-à-dire l'équivalent d'une année
scolaire de cantine. Mon père se lève et prend maladroitement José dans ses bras. C'est à ce moment que je

vois son sourire, son sourire de victoire, qui m'est adressé à moi, rien qu'à moi. J'ai envie de piétiner l'objet inutile et encombrant, mais il reprend : « c'est pour compenser le voyage en avion ». Pierre et moi nous regardons, mon père nous interroge. Comment José a-t-il pu savoir que nous offrions un voyage à mon père, si ce n'est par ma mère ? Nous voilà obligés de nous justifier. Pierre prend les devants : « Merci José d'avoir vendu la mèche, mais s'il est possible, papa, de t'offrir notre cadeau au moment où *nous* le choisissons, ça serait épatant. » J'ai envie de l'embrasser, de sauter de joie, et renvoie un sourire éclatant à José. Celui-ci ne s'avoue pas vaincu bien qu'il ait perdu une bataille. Ma mère sent la tournure des événements lui échapper et nous invite à nous mettre à table.

Car avec tout ça, nous avons pris un retard de trois quarts d'heure sur le planning habituel. Nous le rattraperons en avalant sans mâcher, ou en déclinant la tisane digestive. Pour ma part, j'en suis déjà à ma quatrième coupe de champagne, ce qui n'a pas échappé à ma mère qui pose la main sur la bouteille tandis que je me ressers. J'ai envie de lui foutre mon poing dans la gueule, mais « c'est l'anniversaire de papa », n'est-ce pas, encore un petit effort, dans une heure c'est plié. Elle nous indique nos sièges, car elle a fait un plan de table – en plusieurs étapes, la présence de José redistribuant les cartes. Elle le place à côté d'elle et loin de moi, ce qui en réalité fait de cette tablée la copie conforme de celle de l'année dernière, raison pour laquelle je me demande pourquoi elle prend autant de

*Jour 10*

temps à dessiner sur un papier l'emplacement de chacun pour arriver au final à la même architecture. Ça doit lui donner une raison de vivre. Mon père et mon frère m'encadrent, tandis que mes enfants sont à portée de main de ma mère et de mon ex-mari qui n'aura de cesse pendant le repas de les reprendre : « Vos coudes les garçons », « Finis ton assiette », ce qu'il n'a évidemment jamais fait chez nous et qui procure à ma mère une satisfaction certaine, voire la conviction que José a passé sa vie de père à batailler avec moi pour dresser mes enfants. Il est certain qu'à raison d'une fois par an, les conseils ont eu du mal à rentrer dans leur tête. Ils s'en agacent, mais obéissent pour ne pas nuire aux magnifiques retrouvailles. Mon frère fait la conversation, questionné par ma mère, férue de détails médicaux. J'interroge mon père sur ses loisirs. Il travaille comme bénévole dans une association d'anciens cheminots, sa seule bouffée d'air dans une fin de vie relativement grise. Ma mère a tendance à répondre à sa place, mais je me fais un point d'honneur à ne pas écouter ses réponses et à reposer la question afin que ce soit lui et lui seul qui me rende compte de ses journées. Pour changer de conversation, elle finit par me demander, dubitative, si j'ai pu signer un contrat avec le nouveau directeur de collection. Je lui réponds : « Oui », elle attend la suite, je m'abstiens. C'est mon frère qui me relance : « Comment est-il ? » « Formidable, il adore ce que je fais. » « Normal, dit ma mère, tu lui fais gagner de l'argent. » « Oui sans doute, mais il risque à son tour de m'en faire gagner vu tous les projets qu'il a pour moi. » « Il te drague », affirme José. « Je crois, oui, ça dérange quelqu'un ? »

La conversation s'achève dans un silence gêné. Mes enfants ne mouftent pas. Je leur demande pardon intérieurement, et m'expliquerai plus tard avec eux. Je ne suis pas prête à leur faire ce coup-là, un homme à la maison... Et je me rends compte que je ne peux faire ce coup-là à personne ici présent, parce que personne ici présent ne me l'autoriserait. À part mon frère peut-être, à part mon frère bien sûr, mais mon frère privilégie les vies parallèles et se garde bien de présenter qui que ce soit à mes parents. Il me faut cet espace, je dois le gagner, à coups de serpe, de guérillas silencieuses, de résistance armée, de sang, de larmes, je dois prendre les armes, et trancher une bonne fois pour toutes ce cordon malsain qui m'étouffe.

Mon père pose sa main sur la mienne, pudiquement. Et me donne la force de terminer ce repas. Au dessert, mon frère lui offre une enveloppe, qu'il décachète : un voyage pour deux (c'est la perversité du cadeau) en Égypte. Régis semble ému, même si la surprise a gracieusement été éventée par José : « C'est trop, vous êtes fous ! » Mes garçons s'égaillent, nous nous levons enfin de table, mon frère en passant près de moi chuchote un « Garde-le va, tu en as besoin pour séduire ton nouveau type... » Je lève les yeux sur lui. « En revanche faudra que tu invites aux prochaines soldes presse une amie à moi. » « Avec plaisir », lui réponds-je, alors que je m'étais juré de ne pas y mettre les pieds cette année, et avais prévenu mon amie journaliste de ne même pas

*Jour 10*

essayer de me tenter. Mais je peux bien faire ça pour lui, il m'a sauvée deux fois ce soir.

Comme la soirée touche à sa fin, José propose de me raccompagner avec les enfants. Avant que ceux-ci sautent sur l'occasion je décline, préférant payer un taxi plutôt que de monter dans notre ancienne voiture. « Ça ne me dérange pas », insiste-t-il. « C'est plus simple quand même ! » surenchérit ma mère. Mon frère, pour la troisième et dernière fois s'interpose : « Je la ramène, ne vous inquiétez pas. C'était prévu. » José lui lance un regard noir. Nous descendons tous ensemble. Dans l'escalier José propose à Adrien : « Tu veux venir avec moi ? Je te dépose rue de la Santé, ça ne fait pas un grand détour. » Mais Adrien n'ose pas faire sécession, aussi interviens-je, « Non, il a école demain. On rentre tous ensemble, ça fait longtemps qu'il n'a pas vu son oncle ». José finit par lâcher prise : « OK, pas de problème. On se voit mardi les garçons » et à moi, mais sur un tout autre ton : « Tu les amènes à dix-huit heures, pas à dix-huit heures trente. » Nous nous quittons sur ces mots. À peine au revoir. Les enfants sont tristes dans la voiture, mais commencent à s'endormir. Je peux enfin parler avec mon frère en toute tranquillité. « Alors, c'est vrai ce directeur de collection ? » Je joue la demi-franchise quitte à reperdre mon manteau : « Non, enfin je n'en sais rien. Il en a peut-être rien à foutre de moi, mais il signe quand même. » « Dommage, mais tu as bien dit *peut-être* ? » « Je dois faire gaffe à ne pas mêler le boulot et l'affect », ce qui est absolument faux, du moins n'ai-je jamais érigé de principe en ce sens, l'occasion d'une confusion des genres ne s'étant jamais présentée. Principe ou pas principe, il serait temps que je m'asseye dessus : « En réalité, je crois qu'il me plaît. » Mon frère pose une main sur ma cuisse, en souriant « Humhum ! Et lui ? » « Je crois que je lui plais, et en même temps je préfère ne pas y croire. » « Arrête, Joséphine, c'est plus le moment de croire ! Tu fonces, un point c'est tout ! » Mais je préfère pour le moment changer de conversation, lui promettant un récit circonstancié de ce qui n'est pas encore une histoire – si ça se trouve les enfants ne dorment pas complètement –, et oriente le sujet sur nos parents. Je peux enfin libérer la rage qui m'a tenue tout au long de la soirée. Nous concluons « Pauvre papa ! », je lui propose de monter boire un verre, mais sans doute une jeune femme l'attend-elle chez lui. « Allez ma Jojo, courage ! Je suis là au cas où. » « Je sais. » C'est bon d'avoir un frère.

Je réveille Adrien pour qu'il sorte de la voiture et porte Gabriel jusqu'à son lit, les déshabille, les couvre, et les embrasse sur le front. Puis je fais un tour dans la cuisine pour observer le désastre de mon lave-vaisselle squelettique, espérant vaguement qu'une porte lui soit poussée au cours de la soirée. Mais les machines sont aussi fidèles que les familles, nul imprévu, c'est toujours le pire qui a lieu. Demain, la nouvelle porte devrait arriver. Demain, oui.

# JOUR 11

## *De l'attente à l'action,*
## *chronique d'une mort annoncée*

Quand je m'éveille, après quelques heures de sommeil, une joie étrange m'accompagne. Les enfants sont déjà debout, ils se sont servi du jus tout seuls, et beurré des pains au lait. « On attendait sept heures et demie pour te réveiller. » J'embrasse leurs joues chaudes, bouleversée par le spectacle de leur indépendance : ce sont des petits hommes. Des petits hommes en devenir. Qui laissent leur maman dormir pour qu'elle se repose. Qui se font à manger tout seuls. Qui s'occupent de leur mère en s'occupant d'eux, mais qui s'en occupant s'en détachent. Qui investissent leur maison parce que c'est la leur. Ils en ont l'usage sans que j'en sois la médiatrice. J'avais le pouvoir sur les objets tant que j'étais seule à les faire fonctionner, le pouvoir sur la nature, et le monde, dont j'étais la porte d'accès. Ce monde est à eux, désormais. Et ce monde, c'est aussi notre maison. Pour la première fois, j'ai le sentiment d'une évidence : notre maison à tous les trois, leur lieu de vie et de maturation, une vie qui de leur côté commence à m'échapper, mais qu'ils nouent à la mienne, sans se poser de questions, parce que je suis leur mère, bien que séparée de leur père, bien que parfois défaillante, bien que préoccupée par des questions qui ne les concernent pas. Nous avons quitté un quatre pièces plus spacieux, où ils ont grandi, où leur enfance s'étalait en même temps qu'elle se déroulait dans un espace temps immobile, dans la fiction de notre famille mais qui était pour eux les bords du monde. Un appartement qui accueillait parfois des amis, mais aussi les disputes de leurs parents, les absences du père : pourtant il était là, par ses habits, ses papiers, ses stylos traînant sur la commode, le manteau accroché à l'entrée, la tasse de café dans l'évier. Son absence n'était pas questionnée puisque sa place résistait. Pour moi, elle était de plus en plus vacante, mais pour eux ? Ce sont les dîners de famille dont ils se souviennent, et les petits déjeuners à quatre, même s'ils étaient moins fréquents les derniers temps. Ce sont les départs en vacances, enfermés dans une même auto, les CD glissés les uns derrière les autres, les autoroutes traversées à compter les voitures blanches et rouges, à regarder les paysages changer imperceptiblement, leur paysage d'enfance, inaltérable, désormais se fige dans le souvenir. Ils ont maintenant accès au souvenir. Et au temps qui ne repasse pas. À une irréversibilité encore floue parce que leurs parents ne l'ont pas encore admise, ou l'un de leurs parents, et que l'autre ne parvient pas à faire rupture, à déchirer complètement la fiction, à transposer la scène, à tirer le rideau.

*Jour 11* 223

Aujourd'hui ils sont là, dans leur nouvel appartement, et se tartinent des pains au lait, qu'ils sont allés chercher tous seuls dans le garde-manger, en appuyant une chaise contre le meuble pour accéder à l'étagère trop haute pour eux. Ils ont ouvert le frigidaire, en ont sorti des bouteilles de jus, ont disposé les verres sur la table, ont accompli des gestes naturels, des gestes d'appropriation et des gestes d'adultes à la fois. Ils ne se posent plus la question de la place, quand la mienne vacille sans cesse. Ils me rendent ma légitimité. Ils rendent vivant notre espace, ils rendent notre espace nôtre. Ils ont amorcé le recommencement.

Soudain une question me traverse : qui pourrais-je faire entrer dans notre antre, notre équilibre, nos habitudes neuves mais dont j'aurais voulu éloigner toute forme de précarité ? Aurai-je à nouveau le courage de bousculer notre existence triangulaire, leur monde aujourd'hui installé et qui demeure leur point de mire, malgré les copains, les activités, les projets, les pensées secrètes ? Aurai-je le courage d'introduire un autre entre le frigidaire et le garde-manger, de stocker des bières à côté des jus, de laisser traîner un manteau d'homme à la patère qui accueille les nôtres, juste suffisante pour une veste de femme et deux petites canadiennes ? De pousser leurs brosses à dents pour une autre plus grande, de débarrasser les jouets de la baignoire, d'entreposer dans l'armoire à pharmacie un rasoir et une crème à raser ? De mélanger leurs slips et chaussettes sales à des caleçons longs ? De leur interdire ma chambre quand j'y dors ?

Je remets à plus tard cette légère inquiétude. Mais une douleur s'est fichée en moi. Si je cède un pouce de notre espace à trois, si je creuse un interstice, est-ce leur enfance que j'abandonne ? Moi qui ai déjà ouvert la brèche ? Mon unique certitude est d'être mère, le reste n'est que doute, emballement, faux espoirs. Rien ne m'oblige pour le moment à bouleverser quoi que ce soit. Je m'assois à côté de Gabriel, pose ma tasse de thé devant moi et me prépare une tartine. Encore prisonnière de l'atmosphère du matin, je ne réponds pas aux SMS d'Émile Berthot, qui me demande une date. Certes je m'y étais employée l'avant-veille, renvoyant coup sur coup des messages aux siens, tissant une émotion fragile mais envahissante. Mais je dois mettre les choses au clair, me retirer du jeu, réfléchir aux conséquences, barricader l'intérieur, fermer portes et fenêtres, et voir si l'air demeure respirable.

Vers midi, n'y tenant plus, je rallume mon portable. Trois messages m'attendent. Un de José, les deux autres d'Émile. Je me consacre à ceux-là en priorité, tentée d'effacer celui de José avant même de le lire. « Mon week-end a été aussi dur que merveilleux, déjà le manque. » « Allô ? Tu es par là ? » L'inquiétude de l'homme dont la possession de sa promise devient incertaine, l'inquiétude de l'homme face au silence. J'en jouis deux secondes avant de répondre. « Je suis là ! » Cette fois, c'est à son tour de ne pas répondre. Mes gestes se font plus nerveux, que n'ai-je profité de cette journée pour mettre à distance l'impatience, dont je devine qu'elle sera le lot de cette relation à peine

*Jour 11* 225

commencée, et qui pourrait tout aussi bien s'arrêter là. Mon « Je suis là » sibyllin, car où suis-je en réalité, sinon là pour répondre, là quelque part et n'importe où, au bout du fil virtualisé par la magie du téléphone portable. Mais le virtuel a récupéré sa teneur de réel, et je suis bien liée, certes libre de mes mouvements, et néanmoins tenue à cet objet, comme jadis, lorsque j'attendais l'appel de mon premier amant, assise à côté du téléphone, m'interdisant d'aller aux toilettes ou d'acheter du pain, de m'absenter un instant parce qu'inévitablement, il le choisirait pour me joindre. Mon corps n'est plus vissé à côté de l'appareil, c'est l'appareil qui est vissé à mon corps, et l'espace est indifférent, puisqu'une seule chose m'importe : sa voix.

En attendant mon esprit est ailleurs, c'est-à-dire nulle part, dans ce réseau cancérigène et invisible, où chaque parole peut être saisie dans l'instantanéité bien que distante de quelques kilomètres – encore faudrait-il que des paroles soient prononcées, ou écrites, bref formulées, pour garantir que nous sommes ensemble, même séparément, dans l'assurance de la pensée de l'autre. Pour le moment, je ne peux que conjecturer : que fait-il ? Un déjeuner ? Un rendez-vous de travail ? Une femme ? Mon cœur se révolte, et la jalousie déjà s'immisce, virtuelle et pourtant bien réelle, si j'en juge mon état de nerfs. Je résiste encore quelques minutes avant de renvoyer un texto, je pourrais me lier les mains, les menotter au lit, m'entailler les bouts des doigts pour éviter toute précipitation, mais je n'ai pas cette force, ni cette volonté. « Allô, tu es par là ? » lui demandé-je pour agrémenter d'une légère ironie mon message – je ne fais que répéter ses propres mots après tout, masquant la dangereuse ascension d'un sentiment de panique doublé de colère – de piètres conseillères, si j'en crois mon expérience.

Le présent dans lequel je me suis engluée depuis ma séparation a fait place à l'instant, il lui succède sans qu'aucune trame ne puisse s'installer. Arriverai-je à me réinscrire dans une autre dimension du temps, ou mon espace sera-t-il à jamais rythmé par les sorties d'école, mes propres cours, mes allées et venues en métro, les courses et les repas du soir ? Cette répétition des jours interrompue par un rendez-vous, son attente, sa réalisation, puis son regret ? Peut-être que le temps a définitivement déserté ma vie, et que le chaos profond lutte avec le rituel, la boucle indéfinie du présent. Peut-être que ma vie est finie, sans avoir vraiment commencé, ou que cette vie où l'événement surgit, intempestif et sans que je le convoque, me fait encore trop peur. Peut-être que ma grille, mon quadrillage sont en train d'exploser, mais alors vers quoi, sinon un émiettement de moi-même ?

Et alors que je me noie dans ce questionnement sans fonds, le téléphone vibre. C'est Émile Berthot. Il répond à mon appel télépathique, il répond à la demande de mon corps où il a installé un vide, un vide qui nourrit le désir, un creux béant, une bouche qu'il faut nourrir : il a suffi d'une fois, d'un éveil de mes sens en berne, aussitôt aux ordres, comme il suffit d'un verre de vin pour que l'ancien alcoolique replonge. Je laisse sonner deux fois, le temps de reprendre mon

*Jour 11* 227

souffle, de composer une voix, mais la composition n'a
plus lieu d'être, je veux un lieu, une heure, je veux une
assurance immédiate, pragmatique, que l'envie ne soit
pas laissée pour compte, que la femme ne soit pas abandonnée, une fois encore, par lui, par moi, par l'avidité
du corps qui le rend vivant. Je réponds. En entendant
sa voix, je me rends compte que je ne veux pas parler
non plus, juste le sentir, être caressée, être pénétrée, que
ses mots en soient la promesse, rien d'autre. Mais Émile
Berthot est aussi mon nouveau directeur de collection.
Et je dois lui rendre un texte pour pouvoir aller à
Limoges avec mon papa. Limoges ou l'hôtel, tout de
suite ? Le temps long ou le temps court ? Le passé nos-
talgique de mon père, ou mon ventre qui se noue ?
« Joséphine ? Allô ? Tu es là ? » Principe de plaisir,
principe de réalité, j'entends mon professeur de fac qui
nous apprend la différence, mais pour moi, le principe
de plaisir s'adosse dans l'immédiat au principe de réel :
où et quand ? « Joséphine ? », « Oui, c'est moi. »

Une demi-heure plus tard, je ne suis pas en train de
corriger mes trente premières pages, ni d'achever le
chapitre du koala postier, mais dans une cuisine – nous
n'avons pas su atteindre la chambre, assise sur la table,
la langue aspirée, le dos en sueur, des doigts en moi,
liquéfiée, j'agrippe, je griffe, j'oublie de respirer,
j'oublie. Ce n'est qu'après que j'inspecte les lieux. Des
bouteilles de bière traînent un peu partout, les cendriers
sont pleins, la vaisselle s'empile dans l'évier. J'entre
dans la chambre, parfaitement rangée. « Tu n'as pas
dormi ici ? » « Si bien sûr, pourquoi ? » Je ne réponds

pas et poursuis la visite. Dans la salle de bains, impeccable elle aussi, plusieurs brosses à dents, mais pas de crèmes pour le visage, ni de produits de beauté. Je reviens dans la cuisine où Émile m'a préparé un café et l'observe avec suspicion. « Excuse le désordre, j'ai reçu un auteur canadien hier. Le dîner a un peu duré, je n'ai pas eu le temps de ranger. » « Je n'arrive pas à décider si tu es maniaque ou bordélique. » « S'il faut choisir, je dois t'avouer que je préfère l'ordre. » « C'est toi qui refais ton lit ? » « Oui, mais la femme de ménage doit passer tout à l'heure. » Il y a des livres partout, des CD, je les inspecte avec une certaine appréhension. Mais j'ai beau chercher, je ne trouve pas *la* faute. À la lettre G s'étale toute la collection du grand Serge. Je suis surprise d'en être si joyeuse. « Je peux ? » Il m'observe depuis tout à l'heure, un sourire indécis aux lèvres. « Je t'en prie. » Je mets « Melody Nelson » sur la platine, et commence à me déhancher légèrement, m'étonnant de la facilité avec laquelle je m'exhibe, moi qui pensais ne jamais plus pouvoir être vue, ni me rendre visible – l'avais-je déjà été ? Je sens son regard sur moi, et le désir se réveiller. Il s'approche et m'embrasse, plus doucement que tout à l'heure. Il m'enlace, me caresse le dos, et me couche sur le tapis devant la cheminée encore chaude des braises de la veille. Nous avons le temps d'être attentifs à chacun de nos gestes. Nous avons le temps de nous voir. Quelque chose fond en moi, les yeux d'Émile se brouillent, je résiste encore à l'irruption du sentiment, mais le plaisir surgit, violent et dévastateur. Il nous laisse pantois.

*Jour 11*                                                                      229

Je ne souhaite pas passer d'une dépendance à une autre. Mais pourquoi pas ? Il est trop tôt pour se promettre des choses, et la promesse éteindrait la jouissance de l'inquiétude. C'est pourtant elle qui reprend le dessus, comme je sors de chez Émile Berthot. Car s'il n'y a pas de promesse, il y a de l'attente. De la solitude. Et du désir encore. Le satisfaire ne fait que le reconduire. S'il n'y a pas de promesse, il y a moi, amputée, fragile, tremblante, et terrorisée.

Lorsque je rentre chez moi, José est devant ma porte. La surprise me déstabilise, mais j'ai acquis une certitude autre part. José semble s'en apercevoir. Quelque chose a changé, dans ma façon de le regarder, ou de ne pas le regarder, de le saluer simplement, sans qu'aucune tension n'interfère et module ma voix, de ne pas lui poser de question, de le faire entrer comme s'il était un ami de longue date, de lui proposer un café. Il me suit dans l'entrée, s'approche de moi et semble me renifler. Je me retourne brusquement, heurtée par son geste d'animal de proie. Il a senti le sang. José connaît mon odeur, ce sang-là qui bout, il ne le connaît pas. Le sang l'excite, l'attire, l'animal de proie déchire ce qui saigne déjà, se réapproprie ce qui a été blessé ailleurs. L'animal de proie veut faire sienne la blessure, jusqu'au meurtre. Je me détache de lui, en avançant d'un pas. Il me saisit le poignet. « Tu viens d'où ? » « On a passé un contrat qui stipule que je te raconte ma vie ? » « Tu es la mère de mes enfants, et je ne te laisserai pas devenir une pute. » Très bien, s'il veut placer la discussion sur ce terrain-là, mais la violence de son ton ne me laisse pas tranquille. « Qu'est-ce que tu veux ? » « Je veux qu'on parle des enfants. » « Que veux-tu me dire *à propos des enfants* ? » « Le week-end ne me suffit plus. Je veux la garde alternée. » J'accuse le coup, et temporise en préparant les cafés. Une colère monte en moi : je suis persuadée qu'il n'était pas venu pour ça, que cette dernière lubie lui est née d'une impulsion. José sait comment m'anéantir : mes enfants. Il ne peut pas toucher à mes enfants. Ce sont les miens. « La garde alternée ? Pourquoi ? » « Parce que je le veux. » « Et si je ne veux pas ? » « Ce sera au juge d'en décider. » Je le regarde droit dans les yeux : « Alors tu veux la guerre ? » « Je veux la justice » « De quelle justice me parles-tu ? Depuis quand tu t'occupes de tes enfants ? Depuis quand ça t'intéresse ? » « Depuis que tu bois trop, depuis que tu es incapable de gérer ton argent, de gérer ta vie, depuis que tu t'achètes hors de prix des lave-vaisselle cassés avec l'argent que je te donne... » « ... que tu ne me donnes plus depuis six mois. » « ... depuis que tu découches. » C'est bien ça. L'odeur du sang. « Je ne découche pas. » « Je ne veux pas savoir quand ni comment tu t'envoies en l'air, je veux juste récupérer mes enfants. Des garçons ont besoin de leur père. Et je ne compte pas me faire remplacer par le premier péquenot venu. » « Personne ne te remplace, ni ne te remplacera, si c'est de ça dont tu as peur. Vu que tu es leur père. » « Ils voient plus tes copines hystériques que moi. » « Mes copines hystériques n'ont jamais prétendu leur tenir lieu de père. » José me regarde avec haine, son corps est à deux doigts du mien, il pourrait tout aussi bien me tuer, ou

*Jour 11*

me baiser. « Je les veux, un point c'est tout. » Je m'écarte de lui, pour éviter les deux éventualités. « Très bien. Alors ce sera le juge. »

Le calme de ma réponse nous surprend tous les deux. José est pris à son propre piège, la menace se retourne contre lui : « Et n'attends plus de moi que je te fasse un quelconque cadeau », dis-je, avec une force que j'ignorais. José vient de rompre, en cet instant, le pacte. José sait que nous venons de nous séparer. Mais il ne renoncera pas pour autant, il mènera la bataille jusqu'au bout, préférant me détruire que de me rendre ma liberté. J'aurais voulu le voir mort. Mais la mort est une solution de facilité. C'est la première fois que j'accepte le conflit, le vrai, l'impossible conflit avec moi-même : me battre pour moi, quand je me suis toujours battue *pour les autres contre moi*. Mais ce moi a commencé à vivre, je le sens couler entre mes cuisses. Je n'ai plus besoin de Kant, ni de mes koalas, ni de mon frère, ni de mes croyances, ni même de José, de sa haine ou de son amour, ce qui somme toute revient au même. En protégeant mes enfants, c'est moi que je ferai exister. José recule, comme si émanait de mon corps une incandescence brûlante. Il se cogne contre le meuble qu'il a construit lui-même, parvient jusqu'à la porte : « Et emporte la commode, elle prend trop de place. »

José n'emporte pas la commode. Il ne l'emportera jamais.

Une fois José parti, je vais chercher une scie, débarrasse les tiroirs des objets inutiles qui s'y sont entassés avec les semaines, et débite minutieusement l'horrible meuble. L'exercice est difficile et me met en sueur. Je profite d'une pause pour brancher mon iPhone sur les enceintes, et mets Johnny Cash à fond – la mort de son frère coupé en deux par une scie sauteuse aurait-elle un quelconque rapport avec mon choix musical ? Au bout de deux heures, l'entrée de mon appartement est jonchée de copeaux, de brisures de bois et de planches inégales. J'ai les cheveux hirsutes, et le visage rouge. L'heure des enfants approche. Je prends un balai et engouffre le tout dans un immense sac poubelle, le cache dans la penderie qu'ils n'ouvrent jamais. Avant d'aller les chercher, je me recoiffe, et me lave le visage, histoire de faire bonne figure et de leur offrir une soirée absolument identique aux autres. Seuls les prisonniers d'en face pourraient témoigner de mon forfait, mais ils n'en auront pas la possibilité, avant de longues années. Je n'ai le temps de penser à rien d'autre qu'à mes courbatures et à la satisfaction du travail presque accompli, songeant qu'il serait peut-être finalement salvateur de me mettre au sport. Je me couche presque en même temps que mes petits, après leur avoir lu *Ma mère est partout* et caressé les cheveux jusqu'à ce qu'ils s'endorment, les protégeant de ma présence, de mon amour, les protégeant des autres, du père, de dehors, me protégeant, les enrobant d'une force magique, que toutes les ressources de mon esprit se sont concentrées à émettre. Je m'approche de la fenêtre et prononce une prière à l'adresse des habitants d'en face, qui ressemble à un adieu : je vous quitte aussi, j'ai décidé d'être libre mais

*Jour 11*

je vous remercie pour tous ces mois en votre compagnie. Il faut savoir rompre, n'est-ce pas ? Ne m'en
voulez pas.

Ma journée ayant été plus que physique, je dors
d'une traite, toute la nuit, ce qui ne m'était pas arrivé
depuis longtemps.

# JOUR 12

## *Corbillard et apothéose*

Après avoir déposé les enfants à l'école, je me remets à mon dernier chapitre, avec une obstination aveugle, attendant midi pour procéder aux différentes tâches de la journée, sereine. À midi, j'appelle Anne, pour lui demander le numéro d'un avocat. Anne n'a que des amis divorcées, ou malades, ou suicidaires, elle est une banque de données assez considérable en ce qui concerne les psy en tous genres, médecins, spécialistes, institutions, et avocats. José a raison de la craindre. Une fois les numéros notés, je prends contact avec celle qui est la plus proche de chez moi. Le rendez-vous est pris, elle me demande d'apporter certains documents. Je les réunis, notant ceux qui me manquent, et envoyant des requêtes par mail pour recevoir des duplicata. Une fois les formalités accomplies, j'envoie un texto à Émile : « Ce soir, dîner chez toi, j'apporte les vivres et l'ambiance. » Je ferai garder les enfants par Aïcha. Émile met un certain temps à répondre, mais cela ne m'affecte pas. Dans l'après-midi, je reçois le message : « J'ai pu annuler un cocktail à la maison d'édition, rendez-vous à 20 h, je m'occupe du vin. »

Je me fais couler un bain, chose rare en milieu d'après-midi, me lave longtemps les cheveux, rase les poils récalcitrants sur mes jambes, sous mes bras, j'enduis ma peau d'une huile parfumée reçue lors d'un salon jeunesse, allez savoir pourquoi, et dont je n'avais pas trouvé l'usage jusqu'à maintenant, choisis attentivement mes vêtements, mais sans y passer une heure, un jean noir, un T-shirt léopard, et un pull de facture classique que je ne garderai de toute façon pas longtemps, j'enfile mes talons hauts, dotée d'une aisance nouvelle, et m'en vais faire les courses pour le dîner chez le traiteur italien devant lequel j'évite généralement de passer pour ne pas attiser la tentation. Remontée chez moi, je n'ouvre aucune bouteille, ne fume qu'une cigarette, ne prends aucun Xanax, écoute Neil Young, et appelle un taxi.

L'opération qui va suivre risque d'être délicate, aussi changé-je mes talons aiguilles pour de vieilles baskets, prenant soin d'emporter les premiers dans mon sac à main. Je traîne le sac poubelle jusqu'à l'ascenseur, vais chercher mon manteau que je ne mettrai qu'une fois arrivée, pour ne pas transpirer. Le taxi s'étonne devant mon sac informe et absurdement lourd. « C'est un cadavre », lui annoncé-je gravement. Il me regarde bizarrement, mais porte le sac jusqu'au coffre qu'il referme violemment. Pendant la course, je vois son regard dans le rétroviseur se porter sur moi, je lui souris, mais cela ne semble pas suffire à lui faire baisser la

*Jour 12* 237

garde. Je paye la course, et ajoute un pourboire afin qu'il m'aide à porter le sac jusqu'au porche. L'immeuble d'Émile Berthot est heureusement pourvu lui aussi d'un ascenseur. J'appuie sur le 5, me recoiffe dans le miroir. Une fois arrivée, je tire le plastique qui commence à se percer à différents endroits, et sonne.

Émile Berthot semble lui aussi avoir procédé au grand rituel de l'amour. Il sent bon, sa chemise est neuve, il s'est recoiffé. Nous sommes intimidés soudain par ce rendez-vous aux allures officielles. La bouteille de vin est débouchée sur la table, et deux grands verres à pied attendent. Je note qu'il n'a pas commencé sans moi, ce que j'aurais inévitablement fait à sa place. Je vais poser le sac en papier du traiteur italien sur la table, et repars vers l'entrée, tandis qu'il s'occupe de transposer les antipasti dans des assiettes. Je déplace ma poubelle difforme avec difficulté jusque devant la cheminée. Il me rejoint, curieux.

« Ce soir, nous allons faire un feu de joie. » Émile Berthot observe les copeaux déposés sur mon chemin comme la bave d'un escargot avec un sourire qui bientôt se transforme en fou rire. « Donne-moi ton balai », lui ordonné-je. Il s'exécute, riant toujours, me contaminant. Je dépose les débris dans sa cheminée, et construis une pyramide avec mon bois. Une écharde s'est plantée dans mon index. Émile le prend dans sa main, le suce, je le retire pour m'emparer de la boîte d'allumettes sur le rebord de la cheminée, frotte l'allumette, et mets le feu aux papiers journaux que j'ai pris soin de cacher sous la savante architecture. Une flamme surgit et monte haut, embrasant l'ensemble du bûcher. Nous nous faisons face. Il reprend mon doigt et le passe sur son visage. Nous n'irons pas nous coucher tant que le feu ne sera pas consommé.

# Remerciements

Merci à Astor pour le nom des Pokémons.

Merci à Véronica, Fanny, Sophie, Ilouka, Anne et Dominique, mes amies fidèles et importantes.

Merci à Sam, mon conseiller spécial et à Nathalie K.

Merci à Noémie et à Betty, comme toujours.

*Cet ouvrage a été composé et mis en pages
par ÉTIANNE COMPOSITION
à Montrouge.*

*Impression réalisée par*

*La Flèche
en mars 2014*

Dépôt légal : mars 2014
N° d'édition : 53921/03 – N° d'impression : 3005202
*Imprimé en France*